재난과 위기의 시대

인문고전 세미나 — 1

재난과 위기의 시대

김 철 규

엄 인 경

장 성 현

정 우 봉

지 영 래

최 호 근

KU PRESS
고려대학교
출판문화원

이 저술은 한국연구재단이 후원하는 고려대학교 대학혁신지원사업의 지원을 받아 이루어졌음

추천사

재난과 위기의 시대, 그리고 인문학적 사유

정병호

고려대학교 일어일문학과 교수 · 문과대학 학장

2022년, 우리는 3년째 코로나-19 바이러스 팬데믹 시대를 살아가고 있다. 이 팬데믹으로 인해 통계상으로 확인된 수치만 보더라도 지금까지 4억 이상의 감염병 환자가 발생하고 500만 명 이상의 인명피해를 초래하였으며, 이 감염병은 전 세계 각지에서 우리들의 익숙한 일상을 송두리째 빼앗고 자유로운 활동과 인간관계를 제약하고 있을 뿐만 아니라, 경제와 외교, 사회시스템, 이동과 문화교류, 교육, 삶의 스타일에 이르기까지 심대한 영향을 끼치고 있다. 가히 우리 세대가 지금껏 경험하지 못한 미증유의 세계적 재난상황을 겪고 있는 셈이다.

독일의 사회학자 울리히 벡(Ulrich Beck)이 《위험사회(Risk Society)》(1986)에서 주장하였듯이, 근대문명의 고도화가 심화되면서 각종 재난의 빈도와 규모 역시 확대되고 있다. 산업화 이후 각국의 무분별한 개발에 따른 지구온난화와 이상 기후, 과학의 전문화와 사회의 감독 기능의 한계, 신자유주의적 기업 활동과 환경 파괴, 경제적 격차에 따른 국내외 분쟁의 격화와 테러의 일상화, 사람과 물류의 전 지구적 이동과 도시의 메트로폴리스화 등으로 인해 현대적 재난은 점증하고 있다. 우리는 코로나-19 팬데믹이 아니라 하더라도 '재난-위험시대'를 살아가고 있다.

그러나 우리 인류는 그 역사의 출발과 더불어 다양한 형태의 자연재해와 사회적 갈등·전쟁, 계급과 성차, 인종 차이로 인한 갈등과 억압 등 다종다양한 재난과 위기 속에서 인간의 역사를 이어왔다고 하더라도 과언이 아니다. 이러한 재난과 위기 속에서 수많은 역사가와 문학자들, 그리고 사회학자들은 이러한 재난의 규모와 그 위기상황을 기록의 형태로 남겨 후대에 전승함으로써 재난에 대한 교훈과 시사점을 남기고자 하였다. 그리고 각각의 재난상황을 사회적 관계, 국가적 관계, 문명론 등의 시각에서 그 재난의 원인과 문제점을 날카롭게 비평하여 인간 삶의 개선에 이바지하고자 하였다. 더군다나 이러한 재난이 남긴 수많은 상흔을 위로하고 진혼하며 희생자를 기억하고자 하였으며, 이러한 재난상황을 극복하고 부흥과 재건의 희망을 노래하고자 하였다. 물론, 이러한 위기와 재난이 사회적 모순과 시스템에서 기인한 경우에는 이를 분석하여 원인 처방과 더불어 이를 뛰어넘는 새로운 시스템을 만들고자 한 사회과학적 노력도 결코 빼놓을 수 없을 것이다.

이 책에서 다루고 있는 한국을 포함한 동양과 서양의 다양한 고전 작품들, 레이첼 카슨의 《침묵의 봄》, 요사노 아키코의 《흐트러진 머리칼》, 밀턴의 〈실낙원〉, 조애중의 《병자일기》, 알베르 카뮈의 〈페스트〉, 막스 베버의 《프로테스탄트 윤리와 자본주의 정신》은 그 배경과 테마, 학문적 장르가 꼭 일치한다고 할 수는 없다. 그렇지만 다양한 지역과 각각의 역사적 장면 속에서 '재난과 위기의 시대'가 내포하는 본질적 단면을 훌륭하게 제시하고 있다. 코로나-19라는 거대한 재난의 시간을 관통하고 있는 오늘날을 살아가는 우리에게 이 책에 실린 글들은 인문학적 사유와 성찰의 기회를 제공할 것이라 확신하는 바이다.

머리말

2019년부터 2022년 2월까지 진행되었던 고려대학교 문과대학 대학혁신지원사업에서는 고려대학교 및 우리 사회 구성원의 인문역량 강화를 위한 다양한 교육프로그램들이 기획, 운영되었다. 전통적인 인문학 교육의 틀에 기초하는 동시에 근래의 다양한 사회적 변화를 고려함으로써, 인문학 본연의 의의를 되짚어 보고 인문 교육에 대한 새로운 접근을 모색해 보는 것이 지난 3년 동안 추진되었던 본 사업의 핵심이었다.

가속화되는 디지털 전환의 움직임과 맞물린 교육 환경의 변화 안에서, 고려대학교 문과대학 대학혁신지원사업단이 추구했던 것은 인류의 공존에 필수적인 공감능력의 확산과 명철하면서도 반성적인 성찰능력의 함양이었다. 인문학이 탐구하고 제안했던 또 지금도 계속해서 제시하는 인간과 사회에 대한 비평적인 시각들은 여전히 유효한 교육의 토대인 동시에, 축적된 지식을 생산적으로 활용하고 변용시킬 수 있는 비판적인 창의력 계발의 출발점이기도 했다.

이러한 취지에서 시작된 것이 바로 고려대학교 문과대학 온라인 인문교육 콘텐츠 '고성방가(高省芳歌)'였다. 고려대학교 문과대학 교수들이 참여해 다양한 학문 분야의 고전들을 다각도적으로 조망한 50분 내외의 온라인 강연들은, '고성방가'라는 콘텐츠 제명에서부터 짐작되듯, 학생들뿐만 아니라 사회 구성원들에게 인문 고전에 대한 '깊은 성찰의 흔적들'을 그려 보이고, 거기서 과거와 현재를 아우르고 미래에도 유지될 수 있는 '아름다운 울림'을 전하고자 했던 '독창적'인 프로그램이었다.

그러나 이러한 '독창성'이 무(無)에서 유(有)를 창조하는 것이나 전적으로 유일무이한 새로운 것의 창안을 의미한 것은 아니라는 점도 여기서 짚어둘 필요는 있겠다. 우리가 의도했던 '독창성'은 기존의 익숙한 시선에서 벗어나 사물과 사안들의 간과했던 부분을 다시 주시하려는 노력이자 개선의 의지였다. '고성방가'의 기저에는 4차 산업혁명 시대에 태어나 과거의 기성세대와는 다른 시대를 살아갈 수밖에 없는 젊은 세대를 위한, 그리고 코로나-19가 야기한 팬데믹으로 인해 강제된 기존 대학교육의 패러다임 전환을 위한 모색이 존재했다.

'인문고전 세미나 총서'는 온라인 교육 콘텐츠 '고성방가'와 한 쌍을 이루는 오프라인 강의록이며, 디지털 네이티브 세대들에게 과거의 아날로그적인 방식의 장점과 가치를 전하고자 했던 시도였다. 물질적인 한 권의 책으로 만들어진 '인문고전 세미나 총서'에서는 온라인 강의에서 미처 다루지 못했던 내용들을 소개하고, 천천히 자신의 속도에 맞게 내용을 곱씹어 보는 계기를 만들고자 했다. 아울러 저마다의 열의와 노력을 통해 고전의 다양한 깊이를 맛볼 수 있는 더 읽어볼 거리 등을 제공해 주고, 관련되는 여러 인문고전들의 독서와 성찰을 유도하여 자기주도적 인문학 학습의 기반을 제공해 주고자 했다.

2022년 2월 현재까지 '고성방가'는 총 20편이 제작되었고 여기에 참여했던 강연자 11명의 글을 주제별로 모아 일차로 '인문고전 세미나 총서' 두 권을 기획했다. '재난과 위기', '사랑과 불륜'이라는 주제는 동시대의 가장 첨예한 화두이자 인류의 가장 오랜 고민이기도 하다는 점에서 정해진 것이다. 이러한 주제는 향후에 계속될 총서 후속편에서 '혁명의 시대', '문학과 역사의 경계', '자아와 타자' 등의 주제들과도 다양한 울림을 만들어낼 수 있을 것이라 여겨진다.

'인문고전 세미나 1'《재난과 위기의 시대》에는 여섯 편의 글이 포함되었다. 첫 번째 글에서는 레이첼 카슨의《침묵의 봄》을 통해 환경의 중요성과 생태계의 문제, 생명체의 선형적인 연관관계, 현대과학의 합리성에 내포된 위험, 기후위기에 대한 재인식의 필요성 등이 다루어졌다. 두 번째 글은 일본 근대 여성 작가 요사노 아키코의《흐트러진 머리칼》을 소개하고 있으며, 세밀한 검토를 통해 메이지 시대 여성 가인의 사랑관, 여성 반전 시인의 모습, 동아시아의 여권 신장 문제, 전쟁과 재난의 폐해 등이 다채롭게 기술되고 있다. 영국 문학의 양대 거봉 가운데 한 사람인 밀턴의 〈실낙원〉을 다루는 세 번째 글은 등장 인물인 아담과 이브, 사탄에 대한 세밀한 조명을 통해 작품의 특징을 짚어보고 있으며, 〈실낙원〉에 대한 광범위한 비평적 접근들, 많은 작가 및 예술가들에게서 발견되는 상호텍스트성의 문제, 서양의 지적 전통에 대한 재확인 등이 검토되고 있다. 네 번째 글에서는 여성이 쓴 최초의 한글 일기인《병자일기》가 소개된다. 조선시대의 일기에 대한 개관과 함께 조애중의《병자일기》에 나타나는 당대의 사회상이 검토되며, 작중화자의 내면에 대한 세밀한 분석, 일본의 일기문학과의 비교 등이 행해진다. 다섯 번째 글에서는 알베르 카뮈의 〈페스트〉가 다루어지며, 지금 우리의 코로나 상황과 직접적으로 연결되는 이 작품을 중심으로, 부조리의 철학, 반항의 소설, 고독과 연대의 문제, 사랑의 의의 등이 다채롭게 이야기된다. 그리고 막스 베버의《프로테스탄트 윤리와 자본주의 정신》을 다루는 여섯 번째 글은 종종 간과하기 쉬운 자본주의 정신과 자본주의 발전의 문제를 짚어보며, 베버가 극복하고자 제기했던 당대 문제들의 현대적 함의를 되새겨 보고 있다.

'인문고전 세미나 총서'는 원전인 일차 텍스트에 의해 투사된 그림자를 닮은 이차 텍스트이다. 빛과 그림자가 공존하듯, 이차 텍스트는 일차 텍스트 없이는 존재할 수 없다. 하지만 그림자인 이차 텍스트는 일차 텍스트의 쉽게 드러나지 않거나 간과하기 쉬운 혹은 감추어진 다양한 면면들을 보여주고 있다는 점에서 의미심장하다. 이 총서의 책이 끊임없이 새로운 일차 텍스트들로 향하는 문을 열어주기를, 그리고 늘 해당 원전과 다양한 이차 텍스트들을 이어주는 가교가 되기를 희망한다. 마지막으로 '인문고전 세미나 총서'가 다양한 시대에 집필된 인문고전을 통해 오늘날 우리가 발 딛고 서있는 사회와 우리 삶에 대해 사유할 수 있는 기회를 열어줄 것이라 다시 한번 기대해 본다.

끝으로 고려대학교 문과대학 대학혁신지원사업 운영과 총서 간행에 많은 도움을 주신 분들께 감사를 드려야 할 것 같다. 학장님을 비롯한 여러 문과대학 교수님들께, 또 아름다운 책을 만드는 데 도움을 주신 고려대학교출판문화원의 여러 분들께 감사드린다. 그리고 '고성방가' 제작 및 인문고전세미나 총서의 발간, 나아가 실제 강의에서 애써주셨던 세 분 연구교수님께 특별한 인사를 전한다.

2022년 2월

김준현·김태희

차례

침묵의 봄

생태적 세계관으로의 초대

김철규

1 《침묵의 봄》의 배경과 저자

1.1 책의 배경

기후위기의 시대이다. 자본주의의 급속한 발전 가운데 인간의 산업활동은 지구라는 별에 과도한 부담을 주었고, 지구온난화는 인류 문명과 생태계의 위기를 낳고 있다. 지구의 수용능력을 넘어서는 다양한 환경문제와 생태계 파괴는 이제 인류의 생존 자체를 위협하고 있다. 그 어느 때보다 환경문제에 대한 관심과 정책이 필요한 시점이다. 환경운동은 환경문제를 공공적 의제로 부각시키고, 국가 및 지구 차원에서의 환경정책을 만드는 데 기여해 왔다. 환경운동의 등장과 대중화에 가장 크게 기여한 책이 《침묵의 봄(Silent Spring)》이라고 할 수 있다.

1962년 9월 미국에서 출간된 《침묵의 봄》은 이제 환경과 관련된 대표적인 고전으로 자리 잡았다. 책의 저자 레이첼 카슨은 현대 환경운동의 어머니로 전 세계에서 존경을 받고 있다. 책이 출간된 뒤 2년 후에 그녀는 암으로 사망했지만, 그녀가 남긴 책과 활동은 이후 세상을 바라보는 새로운 관점을 제시했다. 《침묵의 봄》은 경제성장과 개발에 매몰되었던 현대인들에게 환경의 중요성과 생태계의 관계성을 깨닫게 했다는 점에서 큰 가치를 지닌다. 기후위기가 절박한 시대의 화두가 된 지금, 책은 더 큰 의미를

《침묵의 봄》 표지

가진다.

농약 남용 문제의 심각성을 비판한 《침묵의 봄》은 1962년 미국의 호턴 미플린(Houghton Mifflin) 출판사를 통해 출간되었다. 이 책은 출간되기 전부터 출판계 및 일반 대중은 물론 미국 정부와 산업계로부터도 주목을 받았다. 해양생물학자 카슨은 《침묵의 봄》 출간 이전 이미 독자들로부터 사랑을 받던 작가이기도 했다. '바다 3부작' 《바닷바람을 맞으며(Under the Sea-Wind)》, 《우리를 둘러싼 바다(The Sea Around Us)》, 그리고 《바다의 가장자리(The Edge of the Sea)》는 카슨을베스트셀러 작가의 반열에 올려놓았다. 특히 《우리를 둘러싼 바다》는 1951년 7월 출간 후 86주 동안 베스트셀러 목록에 올랐으며,

그 가운데 32주나 1위를 기록했다. 과학 관련 내용을 특유의 유려한 문체로 쉽게 대중들에게 설명한 카슨의 글들은 인기가 높았다. 카슨의 글들은 대개 책으로 출간되기 전에 잡지에 일부 연재되거나 축약본이 미리 공개되었다. 이처럼 인지도가 높았던 카슨이 농약 문제를 다룬다는 사실은 정부와 농화학 기업들에게 큰 부담이 되었다. 농약의 위해를 다룬《침묵의 봄》의 일부 내용 역시 출간에 앞서 언론을 통해 소개되었고, 대중들의 반응이 뜨거웠다. 이에 따라 미국 정부와 농약기업들은 책이 담고 있는 메시지에 대응하기 위한 대책을 마련하고자 했다. 일부 화학물질 전문가들은 저자 카슨의 과학자로서의 자격이나 책의 전문성 부족 등을 지적하며, 책의 가치를 폄하하였다. 왜냐하면 이 책이 다루고 있는 주제가 당시 광범위하게 사용되고 있던 농약, 특히 DDT에 대한 비판을 담고 있었기 때문이다. 화학농약을 대량으로 생산하고, 광범위하게 사용하였던 미국의 농무성을 비롯한 정부 기관과 몬산토를 비롯한 농화학 기업들은 침묵의 봄이 농약 사용에 장애물이 될 수 있다는 점을 알고 있었다. 이에 따라 대대적인 비판과 언론 플레이를 전개했던 것이다.

책은 사회상을 반영하며, 책의 저자는 역사의 산물이다. 그런 점에서 레이첼 카슨이 이 책을 저술했던 시대적 배경에 대해 살펴보도록 하자. 1962년《침묵의 봄》이 출간되기 전 10여 년은 미국이 세계의 중심국으로 급격히 부상하고, 경제가 빠르게 성장하던 시기였다. 1945년 제2차 세계대전이 끝나고 미국을 중심으로 세계질서가 재편되고 있었다. 미국의 부상은 경제력뿐 아니라 핵무기를 비롯한 군수산업의 위력에 기반한 것이었다. 그 근저에는 축적된 미국의 과학기술의 우월성이 존재했다. 1957년 소련이 세계 최초의 우주선 스푸트니크 1호 발사에 성공하자, 충격과 자극을 받은 미국은 1961년부터 유인 우주비행 계획인 머큐리 프로젝트(Mercury Project)를 시작했다. 과학기술을 바탕으로 한 본격적인 발전의 시대가 시작되었던 것이다. 과학기술을 통한 자연에 대한 통제와 우주 개척이 가능하다는 인간의 자신감이 치솟던 시기라고 할 수 있다.

제2차 세계대전을 통해 비약적으로 발전한 산업 부문이 화학산업이었다. 20세기 초중반 축적되었던 화학적 지식들은 전쟁에 빠르게 활용되었다. 특히 열대지방에서 단체로 생활하며 전쟁을 수행하던 군인들은 각종 해충으로 인한 전염병에 시달렸는데, 화학적 제초제나 살충제는 매우 유용했다. 대표적인 살충제가 제2차 세계대전 시기 방제에 큰 역할을 한 DDT(Dichloro-Diphenyl-Trichloroethane)였다. 모기나 해충으로 인한 전염병과 싸우던 미군에게 DDT가 큰 효과를 보였으며, 한국전쟁 시기에도 마찬가지였다. 한국전쟁 기간 동안 벼룩, 빈대, 이 등에 시달리던 한국군은 물론 민간인들에게도 DDT를 대량으로 살포했으며, 그 결과 콜레라, 이질, 장티프스, 디프테리아 환자가 급감하였다(사진 참조). DDT의 효과적인 살충효과가 인정받음에 따라 1950-60년대 전 세계적으로 그 사용량이 급증했다. DDT를 비롯한 화학살충제 매출액은 1939년 4,000만 달러에서 1954년에는 2억 5,000만 달러로 크게 증가했다. 그야말로 블루오션으로 등장했던 것이다.

하지만 이후 DDT는 유방암을 비롯한 각종 암, 남성 불임, 유산 및 조산,

한국전쟁 시기 DDT 사용

발달 장애, 신경장애, 간 손상 등의 원인이 되는 것으로 밝혀졌고, 그에 따라 이제는 전 세계 대부분의 국가에서 사용이 금지된 살충제이다.

제2차 세계대전이 끝난 뒤, 화학산업은 새로운 시장을 개발하고자 했다. 그리고 미국 내에서 그 기회를 찾을 수 있었다. 산림 및 농업 생산에서 화학살충제 사용이 급증했다. 이는 미국 연방정부와 화학기업들 간의 공조를 통해 이뤄졌다. 미국 농무부는 듀폰(Dupont) 사의 DDT 살충제 사용을 승인했고, 이후 농업분야에서 살충제로 광범위하게 쓰이게 되었다. 1957년 미국 연방정부는 매미나방 박멸 프로그램을 개시했고, 이에 따라 DDT나 다른 살충제를 휘발유와 섞어 공중에서 대량으로 살포하였다. 화학기업들은 DDT의 효율성을 대대적으로 선전했고, 농무부는 공조자가 되었다. 살충제의 살포는 생태계에 일종의 연쇄반응을 일으켰다. 즉 수많은 나무 잎사귀들이 떨어졌고, 다른 벌레들이 떨어진 잎사귀를 먹었다. 이어 이 벌레들을 잡아먹은 새들은 껍질이 무른 알을 낳았다. 이 알들은 부화가 되지 않았고 결과적으로 새의 개체수가 급격히 감소했다. 무차별적인 방제 프로그램으로 개인 사유지의 피해가 속출했고, 일부 개인들이 정부를 대상으로 한 소송을 제기했다. 하지만 소송의 대분은 실패로 돌아갔다. 비록 소송을 제기한 토지 소유자들이 패배하긴 했지만 연방법원은 원고들에게 미래의 잠재적 환경 피해에 대한 행정 명령권을 주장할 수 있는 권리를 부여했다.

많은 미국인들이 화학살충제의 피해를 직접 목도하면서 그 위해성에 대한 우려가 높아졌다. 물고기가 떼죽음을 당해 수면 위에 떠오르고, 울새와 흰머리수리의 개체 수가 감소했다. 이처럼 화학살충제 및 농약의 위험에 대한 사회적 관심이 부상하던 상황에서 카슨은 친구 허킨슨(Olga Owens Huckinson)이 보내준 《보스턴 헤럴드》 1958년 1월 12일 자 기사를 접하게 된다. 기사는 미국 농무성의 화학살충제 대량살포로 인한 야생 동식물의 피해 상황을 상세히 다뤘다. 이를 계기로 카슨은 DDT에 본격적인 관심을 갖게 되고, 이후 약 4년간의 문헌 검토, 자료 조사, 전문가 자문 등을 거쳐 《침묵의 봄》을 집필한다.

1.2

레이첼 카슨

레이첼 카슨(Rachel Louise Carson)은 1907년 5월 27일 미국 펜실베이니아 주 스프링데일의 한 농가에서 로버트 카슨과 마리아 카슨의 셋째로 태어났다. 피츠버그에서 북동쪽으로 약 30킬로미터 지점에 위치한 스프링데일은 당시 인구가 1,200명 정도의 숲과 농경지가 주를 이루는 시골 마을이었다. 아버지 로버트 카슨은 보험 외판원으로 일을 하기도 했지만 경제적 능력은 그다지 없었다. 경제적 어려움은 레이첼 카슨에게 성실하고 신중한 성격을 갖도록 했던 것으로 평가되기도 한다. 넉넉하지 않았지만 카슨은 아름다운 환경 속에서 전직 교사인 어머니의 영향을 많이 받으며 성장했다. 카슨은 자연을 사랑했던 어머니를 따라 숲과 과수원을 산책하고, 동물 관찰하기를 좋아했다. 어려서부터 책 읽고 글 쓰는 것을 즐겨했던 그녀는 1918년 만 11살의 나이로 〈구름 속의 전투〉라는 글로 은메달을 받았고, 그 글이 권위있는 어린이 잡지 《성 니콜라스》 9월호에 게재되기도 했다. 이후에도 여러 번 글짓기로 수상을 하면서 작가로서의 자질을 입증했다.

9년제 초등학교를 졸업한 카슨은 집에서 3킬로미터쯤 떨어진 파르나수스 고등학교에 진학했다. 고교 시절 집안의 경제적 형편은 더 어려워졌는데, 그 상황 속에서 카슨은 독립적인 성격의 여성으로 성장했다고 평가받는다. 학업에 열중했던 카슨은 결국 고등학교를 수석으로 졸업했는데, 동기들은 그녀를 완벽주의자라고 평하기도 했다.

고등학교를 졸업한 카슨은 1925년 명문 사립대였던 펜실베이니아 여자 대학(현재 채텀 대학[Chatham University]) 영문학과에 입학했다. 대학을 보내기 위해 카슨의 부모는 땅을 팔고 은행에서 대출을 받았고, 카슨은 교육부가 제공하는 장학금의 수혜자로 선정되었다. 영문학 전공이었던 카슨은 1학년 작문 수업에서 바다 관련 이야기인 〈선박용 등의 거장〉이라는 작품을 썼다. 바다에 한 번도 가보지 못했던 카슨이 순전히 관련 문학작품을 통해 얻은 간접 경험을 기반으로 쓴 글이었다. 이 글은 대학의 문학잡지에 게재되었다.

2학년에 올라가 수강하게 된 '기초생물학' 수업은 카슨의 인생을 바꿔 놓았다. 자연에 대한 과학적 접근에 매료된 그녀는 결국 전공을 생물학으로 바꾼다. 생명의 신비와 의미를 파헤치는 새로운 비전을 생물학이 제공했던 것이다. 문학과 생물학 가운데서 카슨은 꽤나 고민을 했던 것으로 보인다. 하지만 궁극적으로 두 다른 분야를 자신의 품 안에 넣는 데 성공했다는 것을 이후의 삶을 통해 알 수 있다. 전공을 바꾼 후에도 카슨은 글쓰기를 계속했고, 재학 중에 문학상을 수상하기도 했다.

'기초생물학' 수업을 통해 생물학에 눈을 뜬 것만큼 큰 사건은 담당 교수였던 스킨커(Mary Scott Skinker) 교수와의 만남이었다. 여성 과학자의 의미에 대해서 매우 진보적인 사고를 가지고 있었던 스킨커 교수는 이후 카슨의 삶에 크게 영향을 끼쳤다. 대학원 진학과 장학금을 받는 데 도움을 주었다. 뿐만 아니라 카슨으로 하여금 연방정부 공무원 시험에 응시하여 공무원이 되도록 조언하였고, 직접 관련 학습을 지도하기도 했다. 더 나아가 스킨커 교수는 카슨의 롤 모델이었다.

대학을 졸업한 뒤, 경제적 어려움에도 불구하고 카슨은 1929년 존스홉킨스대 동물학과 대학원 진학하여 1932년 6월 〈배아기와 치어기의 메기 콩팥 발달에 관한 연구〉로 동물학 석사학위를 받았다. 해양 생물에 대한 학문적 관심을 이어가고 싶었던 카슨은 박사 과정에 입학하였다. 하지만 대공황의 여파 속에서 심각해진 가족의 경제적 어려움 때문에 1934년 학업을 중단했다. 더구나 1935년에 아버지가 사망하고, 나이 든 어머니를 돌보기 위해 학업을 중단하고 직장을 찾게 된다. 스킨커 교수의 도움을 받아 미국 어업국(US Bureau of Fisheries. 1945년 어류 및 야생동물국[Fish and Wildlife Service: FWS]으로 개편)에 비정규직으로 채용되어 해양 생물 관련 라디오 프로그램을 위해 대본 쓰는 일을 하게 되었다. 이 과정에서 뛰어난 역량을 보인 카슨은 1936년 정식으로 어업국에서 정규직으로 공무원 생활을 시작하게 된다. 당시 공채 필기시험에서 최고 점수를 얻은 카슨은 어업국 해양생물학 연구자로 채용된 두 번째 여성으로 기록되었다. 카슨은 어업국에서 해양 생물의 개체수 관련 보고서를 분석하고, 이를 요약하는 소책자를 작성하는 역할을 주로 맡았는데, 이 생활은 1952년까지 이어졌다. 어업국에서 꾸준한 실적을 쌓아 1942년 5월 부(副)수생생물학 연구원으로 승진하였고, 1949년에는 출판물 편집 책임자(Chief Editor of Publication)를 맡아 활동했다.

어업국 재직 중에 카슨은 해양 생태계 관련 글쓰기를 지속하여, 1941년 《바닷바람을 맞으며》를 출간했는데, 이 책은 해양 동물의 모습을 섬세한 필치로 그려냈다. 비평가들로부터 극찬을 받았지만 판매부수는 매우 저조했다. 이어 1951년 《우리를 둘러싼 바다》를 옥스퍼드 대학출판부를 통해 출간했다. 이 책은 대중들로부터 폭발적인 인기를 얻어 《뉴욕 타임스》 베스트셀러 목록에 올랐고, 1952년 내셔널 북 어워드(National Book Award for Non-fiction)를 수상했다. 책은 다큐멘터리로 제작되기도 했고, 이에 따라 카슨의 대중적 지명도가 올랐다. 이전 저작인 《바닷바람을 맞으며》가 베스트셀러 순위에 오르는, 소위 역주행 상황이 일어나기도 했다.

책의 성공으로 카슨의 재정 상황이 크게 개선됐고, 이에 1952년 직장생활을 그만두고 집필에 전념하기 시작했다. 1955년 동부 대서양 해안을 다룬 《바다의 가장자리》를 출간함으로써 바다 3부작이 완성되었다. 이러한 과정을 거쳐 카슨은 미국의 대중들의 사랑을 받는 과학자이자 작가로 자리잡게 되었다. 이러한 대중들의 인식은 이후 카슨이 화학살충제의 무해함을 주장하거나 카슨의 전문성을 깎아내리려는 정부, 화학산업, 그리고 관련 전문가들에 맞서 싸우는 데 큰 힘이 되었다고 할 수 있다.

카슨이 가졌던 생명과 환경에 대한 관심은 여러 계기를 통해 미국 연방정부의 살충제 살포문제에 대한 관심으로 이어졌다. 미국 농무성(US United States Department of Agriculture: USDA)은 1957년 불개미를 박멸하기 위해 살충제 대규모 사용 계획을 발표했고, 실제 다양한 화학농약 살포가 이뤄지기 시작했다. 화학농약의 위험과 생태적 영향에 대한 시민사회의 관심이 커졌으며, 언론을 통한 문제 제기가 이어졌다. 카슨은 1964년 세상을 떠날 때까지 이 문제에 대해 적극적으로 관여했다. 농약이나 DDT의 위험에 대한 문제 제기는 카슨 이전에도 이뤄졌지만, 카슨은 과학적 전문성과 유려한 문장력을 통해 대중들을 설득하는 데 성공한 것으로 평가할 수 있다.

2 《침묵의 봄》과 인식론적 전환

2.1 생명체의 연결성

잘 알려진 책의 1장 '내일을 위한 우화'를 함께 감상하고 시작하자.

> 닭들이 이상한 질병에 걸렸다. 소떼와 양떼가 병에 걸려 시름시름 앓다가 죽고 말았다. 마을 곳곳에 죽음의 그림자가 드리워진 듯했다. 농부들의 가족도 앓아 누웠다. 병의 정체를 알 수 없는 마을 의사들은 당황하기 시작했다. 원인을 알 수 없는 죽음이 곳곳에서 보고되었다. (…) 낯선 정적이 감돌았다. 새들은 도대체 어디로 가버린 것일까? (《침묵의 봄》, 34)

저자가 그려낸 적막하기 이를 데 없는 '침묵의 봄'의 원인은 바로 화학살충제였다. 해충을 없애기 위해 뿌린 DDT가 닭과 소, 양떼, 심지어는 사람들을 아프게 했다. 이 상황은 생명체의 연결성을 이해하지 않고는 설명할 수 없다. 카슨은 화학살충제가 곤충을 방제하는 데 효율적일지 모르지만, 전체 생태계의 상호의존성을 전혀 고려하지 않은 잘못된 접근법이었음을 지적한다. 즉 제1장에서는 서정적인 가상의 마을을 통해, 그리고 이후 장들에서는 과학적 자료를 통해 이를 분명히 보여주는 것이다. 화학살충제는 목표로 하는 곤충뿐 아니라 생태계 전체에 파괴적 결과를 낳는다. 그리고 자료를 통한 결론을 다음과 같이 명료하게 서술한다.

> 우리는 자연을 구성하는 요소들은 그 어떤 것도 독자적으로 존재하지 않는다는 점을 기억해야 할 것이다. (83)

이러한 카슨의 지적은 그녀가 생태계(eco-system)의 상호연결성을 명확하게 이해하고 있었다는 점을 보여준다. 자연의 다양한 요소들은 하나의 섬세한 생명의 망(web of life)으로 연결되어 있으며, 인간의 잘못된 개입은 그 균형을 파괴한다. 인간 역시 그 연결망을 구성하는 하나의 요소이며, 따라서 무차별적인 화학살충제의 살포는 곤충뿐 아니라 꽃, 나비, 새, 가축, 야생동물, 그리고 인간에게까지 치명적인 결과를 낳을 수 있는 것이다.

《침묵의 봄》에서 읽어낼 수 있는 생태적 연결성은 두 가지로 생각해 볼 수 있다. 첫째는 공간적·공시적 연결성이다. 이는 한 지역이나 생태적 단위에서 관찰되는 종들 간의 긴밀한 연결성이다. 카슨이 제1장에서 그리고 있는 가상의 마을과 지역생태계는 이러한 예라고 할 수 있다.

두 번째로 생각할 수 있는 생태적 연결성은 시간적·통시적 연결성이다. 자연에서 벌어지는 일은 시간의 축을 타고 서로 연결된다. 1986년 체르노빌에서 발생한 원자력 발전소 폭발 사고의 영향이 아직도 인근 사람들의 건강에 지속적으로 위해를 가하고 있는 것이 한 사례가 될 수 있다. 관련해서 2017년 대한민국을 뜨겁게 달궜던 달걀의 농약 검출 사건에 주목할 필요가 있다. 당시 특히 많은 소비자들을 당혹케 했던 것은 유기농으로 생산된 달걀에서 DDT가 검출되었다는 사실이다. 당시 《동아사이언스》 8월 24일 자는 다음과 같은 제목으로 사건을 전달했다. "친환경 달걀 농장에서 나온 DDT… 38년 금지 농약 어떻게 검출됐을까." 기사에 따르면, 생활협동조합에서 공급된 달걀에서 DDT가 검출되었는데, DDT는 한국에서 사용 중지된 지 38년이나 되었던 것이다. 전문가들의 조사 결과 그 원인은 방사되어 있던 닭들이 자라던 땅의 오염인 것으로 추정했다. 오래전에 남용된 DDT가 흙, 풀, 벌레들을 오염시켰고, 수십 년이 흐른 뒤에 그 땅에서 자란 닭들이 영향을 받았고, 그 닭들이 낳은 달걀까지 DDT에 오염되었다는 것이다. 인간의 행동이 예상치 못한 긴 시간 동안 생태계에 악영향을 끼쳤고, 결국에는 인간의 먹거리에까지 영향을 끼친 사례이다. 이는 화학물질을 사용하는 데 얼마나 신중해야 하는지를 보여주는 사례라고 할 수 있다.

2.2

인류중심주의(anthropocentrism)에 대한 비판

카슨의 저작에서 우리가 얻을 수 있는 또 다른 교훈은 생태계 내에서 인간의 지위와 역할에 관한 것이다. 계몽주의의 영향 속에서 이성을 지닌 인간은 다른 종들과는 구별되는 특별한 존재라는 인식이 현대 문화 속에 깊이 뿌리내렸다.

> 오늘날 사람들은 자연의 그 어떤 존재도 농약 살포용 기구를 든 인간을 가로막을 수 없다는 철학을 지닌 듯 보인다. 곤충을 박멸하는 성스러운 전쟁에 있어 우연한 희생자는 별로 대수롭지 않게 취급받는다. 방제 대상인 곤충과 우연히 같은 지역에 살게 된 울새, 꿩, 너구리, 들고양이 혹은 가축이 약물의 세례를 받더라도 그 누구도 항의하지 않는다. (118)

카슨의 입장은 1960년대 이후 철학자 네스(Arne Naess)를 중심으로 발달한 근본생태론(심층생태학: deep ecology)과도 상통하는 부분이 있다. 1970년대 기존 환경주의가 환경문제의 현상적 개선에만 관심을 가진 것을 비판하면서 문명사적 전환을 주장했던 근본생태론은 인간이 다양한 종들 가운데 하나라는 점을 강조한다. 그럼에도 불구하고 기독교에서부터 시작되고, 계몽주의에 의해 강화된 인류중심주의는 인간에게 특별한 위치를 부여했다. 인간이 만물의 영장이고, 인간은 특별하며, 인간은 자신을 둘러싼 환경이나 다른 종들을 마음껏 지배하고 관리할 수 있는 존재로 착각하게 되었다는 것이다. 이러한 인류중심주의에 기반한 현대/서구 세계관이 환경파괴의 근본적 원인이고, 이를 뒤집는 근본적인 전환이 필요하다는 것이다.

《침묵의 봄》에는 인간이 다른 생명체를 무시하고, 자신을 특별하게 여기는 오만함에 대한 비판과 성찰이 드러난다. 오늘날 우리가 당면하고 있는 기후변화와 환경파괴는 지구라는 별의 미래를 위협하고 있다. 이러한 위기의 뿌리에는 인간과 자연 관계에 대한 잘못된 인식이 자리잡고 있는 것은 아닌지에 대한 고민이 필요하다. 다소 불편한 질문일 수 있지만, 다음과 같은 질문들에 대해 생각해 봤으면 한다. 인간은 다른 생명체와 다른 특별한 존재인가? 인간이 자연을 통제할 수 있는 권리를 가지는가? 인간이 아닌 다른 종을 제거할 수 있는 권리를 가지는가?

3 근대성과 과학기술

3.1 현대과학의 도구적 합리성과 그 위험

독일의 사회학자 막스 베버(Max Weber)는 현대성의 중요한 특징이 합리성이라고 지적했다. 특히 목적을 달성하기 위한 최적의 방법을 찾는 도구적 합리성이 현대성에서 두드러지며, 이는 효율성을 극대화한다. 도구적 합리성은 과학, 관료제, 기업 등이 내재화한 것으로 전통사회와 현대사회의 차이를 분명하게 설명해 주는 중요한 개념이다.

카슨이 《침묵의 봄》을 통해 생생하게 고발하고 있는 화학살충제의 위험은 그 시대에 지배적이었던 과학에 내재되었던 도구적 합리성을 보여준다. 해충을 방제하기 위한 목적을 달성하기 위해 엄청난 살상력을 지닌 살충제를 개발하고, 그 목적을 달성한 것이다. 이 과정에는 기업의 이윤 극대화라고 하는 또 다른 도구적 합리성이 작동한다. 하지만 이러한 과정에는 보다 장기적이고 전체론적인 관점에서 단기적인 도구적 합리성의 실현이 초래할 영향에 대한 고려는 존재하지 않는다. 베버가 제시했던 또 다른 유형의 합리성, 즉 가치합리성에 대한 논의는 상실되었던 것이다. 도구적 합리성에 의해 추구하는 목적 그 자체의 도덕성이나 의미에 대한 고민이 없었다. 카슨의 입장에서는 생명, 지역공동체, 건강 같은 것들은 가치합리성의 영역이었으며, 정부·기업·과학자들은 가치합리성에 대한 질문은 전혀 중요하게 생각하지 않았다. 이는 베버의 개념을 빌리자면, 합리성의 비합리성이라고 할 수 있다. 오늘날 잘 알려진 것처럼 화학물질의 대표적 위험은 암과 같은 치명적인 질병의 발생이다. 인간을 위한 화학살충제의 사용이라고 하는 행위가 결과적으로 인간에게 커다란 위험을 발생시킨다. 결국 유방암으로 고생하다 책 출간 후 약 2년 뒤에 1964년 4월 14일 세상을 떠난 카슨이 다음과 같이 서술하고 있어 안타깝다.

> 오늘날 대부분의 발암물질을 만들어낸 장본인은 바로 사람이다. 그러므로 만일 원하기만 한다면 그 위험물질의 상당수를 없애버릴 수도 있다. 암을 유발하는 물질이 우리 환경에 등장하는 데는 두 가지 방식

이 있다. 좀 더 편하고 손쉬운 생활을 추구하는 과정에서, 그리고 화학물질의 제조와 판매를 경제와 산업의 한 부분으로 편입하는 과정을 통해서이다. (279)

3.2

현대과학의 자연관에 대한 성찰

과학자로 훈련받았던 카슨의 글을 통해 그녀의 과학에 대한 입장을 생각해 보는 것도 중요하다. 과학주의가 팽배했던 1960년대에 카슨은 현대과학과 과학 관련 행위자들이 가지고 있었던 자연에 대한 입장에 대해 대단히 비판적이었다. 즉 과학이 자연을 지배와 통제 대상으로 바라보는 관점을 맹렬히 비난한다. 그녀는 다음과 같이 지적한다.

> '자연을 통제한다'는 말은 생물학과 철학의 네안데르탈 시대에 태어난 오만한 표현으로, 자연이 인간의 편의를 위해 존재한다는 의미로 이해된다. 응용곤충학자들의 사고와 실행방식을 보면 마치 석기시대로 거슬러 올라간 듯한 느낌을 준다. 그렇게 원시적인 수준의 과학이 현대적이고 끔찍한 무기로 무장하고 있다는 사실, 곤충을 향해 겨누었다고 생각하는 무기가 사실은 이 지구 전체를 향하고 있다는 사실이야말로 크나큰 불행이 아닐 수 없다. (334)

사실 이 문단은 책의 맨 마지막 부분이다. 생물학을 공부하고, 해양 생물에 관한 연구를 계속했던 카슨은 끝까지 생명과 자연의 신비에 겸손했다. 화학살충제를 통해 곤충을 박멸하겠다는 단순한 생각 이면에는 특별한 종으로서의 인간이 과학이라는 전능한 도구를 가지고 자연이라는 기계를 맘대로 조작하고 관리할 수 있다는 19세기식의 오만함이 숨어있다. 그런 의미에서 화학살충제는 단순히 곤충을 향한 것이 아니라 지구라는 섬세한 생태계와 생명의 망을 위협하는 것이라고 우려하고 있는 것이다.

그렇다면 때로는 인간에게 질병을 옮기고 농작물 생산에 피해를 주는 곤충을 어떻게 할 것인가? 《침묵의 봄》이 이러한 구체적인 질문에 답을 하기 위한 책은 아니다. 그럼에도 불구하고 카슨은 새로운 방식의 접근, 전체로서의 생태계를 이해한 창조적인 접근에 대해 힌트를 준다.

> 새롭고 상상력이 풍부하며 창의적인 접근법은 이 세상이 인간만의 것이 아니라 모든 생물과 공유하는 것이라는 데서 출발한다. 우리가 다루는 것은 살아 있는 생물들, 그 생명체의 밀고 밀리는 관계, 전진과 후퇴이다. (333)

그 결과 당시에는 초기 단계였다고 할 수 있는 생물학적 방제에 대해 언급한다. 인간과 다른 종들의 공진화 과정에서 자연에서 얻을 수 있는 덜 해로운 방식의 지혜와 대안적 과학에 대해 논의하고 있다. 특히 15장 '자연의 반격'과 16장 '밀려오는 비상사태'에서 이와 관련된 다양한 사례들을 제시한다.

> 곤충 대다수는 인간의 개입이 없는 자연의 힘에 의해 조절된다. 만일 그렇지 않다면, 상상할 수 있는 엄청난 화학물질이나 다른 어떤 수단을 사용한다고 했도 그 개체수를 조절하기 힘들 것이다. 문제는 우리가 천적 역할을 하는 동물들을 모두 죽인 후에야 비로소 그 동물이 맡고 있던 조절 기능을 깨닫는다는 살이다. (284)

살충제는 해당 곤충의 내성을 강화한다. 농업 전문가들은 농약의 쳇바퀴(treadmill of pesticides)라는 표현을 쓰는데, 농약을 뿌리면 뿌릴수록 그 농약의 효과가 떨어져서 그 다음에는 더 독성이 강한 농약을 써야 한다는 것이다. 따라서 자연의 순리를 활용한 생물학적 방제가 다소 속도가 느릴지는 몰라도 중장기적으로는 더 효율적이다. 그러한 예들이 우리나라 벼농사에서 활용하고 있는 오리농법이나 우렁이 농법이다.

과학은 인간이 지닌 특수한 도구이자 힘이라고 할 수 있다. 그럼에도 불구하고 과학의 활용에 있어서, 그리고 자연을 대함에 있어서 겸손해야 할 것을 카슨은 재차 강조한다.

> 생명이란 인간의 이해를 넘어서는 기적이기에 이에 대항해 싸움을 벌일 때조차도 경외감을 잃어서는 안 된다. 자연을 통제하기 위해 살충제와 같은 무기에 의존하는 것은 우리의 지식과 능력 부족을 드러내

는 증거이다. 자연을 따른다면 야만적인 힘을 사용할 필요도 없을 것이다. 지금 우리에게 필요한 것은 겸손함이다. 과학적 자만심이 자리 잡을 여지는 어디에도 없다. (312)

3.3

과학자의 역할

현대는 전문성의 시대이다. 사회구조는 복잡해졌고, 그 과정에서 기능적 분화가 극대화되었다. 과학자도 대학이나 연구기관의 일부로 매우 전문화되고, 분화된 연구를 진행한다. 또한 연구의 지속을 위해 연구비를 수주하고, 실험실을 운영하고, 논문을 쓰는 역할에 매몰되는 경향이 심화되었다. 자신의 연구성과가 사회에 어떤 영향을 미칠지, 그것이 도덕적으로 어떠한지 등에 대해서는 애써 눈을 감거나 무관심해지는 것이다.

이러한 과학 및 과학자의 탈사회적 경향성에 반해 카슨은 옳고 그름에 대한 자신의 입장을 명확히 하고, 공공선을 실현하기 위해 노력했다. 즉 과학자이자 성찰적 시민으로서의 책무를 다하고자 했던 것이다. 투병 중에도 정부의 잘못된 정책 및 화학기업의 위험과 맞서 싸웠다.

《침묵의 봄》은 출간에 앞서 《뉴요커》를 통해 일부 연재가 되었고, 《뉴욕타임스》 사설에서 다루면서 독자들의 큰 관심을 끌었다. 이에 화학기업들, 일부 과학자, 그리고 로비스트들은 다양한 방식으로 《침묵의 봄》 출간을 저지하거나 그 내용을 비판했다. DDT를 포함한 화학살충제 기업들은 책 출간 취소를 요구하며 법적 대응을 예고하였다. 화학기업 측 전문가인 화이트-스티븐스(White-Stevens)는 카슨을 "자연의 균형이라는 종교를 믿는 광신자(fanatic defender)"라고 공격하였다. 심지어 전 농무성 장관인 벤슨(Ezra Taft Benson)은 한 편지에서 카슨은 아마도 공산주의자일 거라고 적기도 했다.

《침묵의 봄》은 커다란 반향을 일으켰고, 카슨은 항암치료 속에서도 1963년 4월 방영된 CBS TV의 스페셜 다큐멘터리 〈침묵의 봄〉에 출연해서 책의 일부를 낭독했다. 시청자들의 반응은 뜨거웠으며, 이는 미 의회가 살충제 보고서를 작성하는 계기가 되었다. 건강이 악화되는 가운데도 카슨은 케네디(John F. Kennedy)의 과학자문위원회에서 증언을 마다하지 않았고, 상원 소위원회에서 정책 관련 입장을 밝혔다. 방사선 치료로 몸이 쇠약해지는 가운데 대중매체와 강연을 힘닿는 데까지 소화했다. 하지만 1964년 초 암 세포가 간에까지 번졌고, 4월 세상을 떠났다.

카슨의 진실에 대한 신념과 과학자로서의 책임감, 그리고 이를 기반으로 한 성찰적 시민성은 이 시대의 지식인들이 배워야 할 중요한 덕목들이라고 할 수 있다. 권력과 금력, 그리고 사회적 편견 앞에서도 굴하지 않고 정의와 진리를 주장했던 카슨의 용기가 필요한 때이다.

4 《침묵의 봄》의 의의

4.1 현대 환경운동

레이첼 카슨을 환경운동의 어머니라고 부르는 것은 《침묵의 봄》 때문이라고 해도 과언이 아니다. 카슨이 그녀의 저술을 통해 그리고 언론과 증언을 통해 던진 메시지는 매우 강렬했다. 일반 시민들은 한 여성 과학자의 아름다운 문장과 용기 있는 발언에 감동했고, 화학살충제가 자연과 사람을 죽일 수 있다는 사실에 분노했다. 그 결과 환경문제에 대한 대중적 관심이 높아졌으며, 환경규제가 중요한 정치적 어젠다가 되었다. 여러 방식의 환경운동이 등장했는데 앞에서 살펴본 근본생태론과 여성주의적 환경주의인 에코 페미니즘이 대표적이다. 미국에서는 1967년 비영리단체인 환경보존기금(Environmental Defense Fund: EDF)이 만들어져 환경 관련된 다양한 의제들을 다루게 되었다. EDF는 카슨의 문제제기를 적극적으로 계승하여 DDT 문제를 과학적으로 규명하고, 정책으로 전환하는 데 크게 기여했다. 1972년 미국에서 DDT 사용을 전면 중지시키는 데 큰 역할을 했다. 오늘날 EDF는 1백50만 명 이상의 회원, 1억 4천6백만 달러의 예산, 그리고 500명 이상의 직원을 가진 세계 최대의 환경 관련 단체로 성장했다. 환경운동

연합과 같은 국내 환경단체들도 레이첼 카슨의 영향을 받은 것으로 평가된다.

4.2

화학농약 규제 및 먹거리 안전

《침묵의 봄》은 화학살충제의 위험에 대해 경고했으며, 이 경고는 미국은 물론 전 세계로 확산되었다. 1972년 미국에서 DDT 사용이 금지된 이후, 점차 대부분의 국가에서도 DDT 사용이 더 이상 허용되지 않게 되었다. DDT뿐이 아니라 다른 화학살충제에 대한 규제가 일반화되었다. 특히 농산물에 사용되는 농약이 건강에 직접적인 악영향을 끼친다는 사실이 이제는 상식이 되었다. 이러한 시민들의 인식 변화와 정책적 개입은 카슨의 저작에 빚진 바 크다.

하지만 한국의 농약 사용과 먹거리 안전 문제는 아직 갈 길이 멀다고 할 수 있다. 2017년 기준 우리나라 농지 1헥타르당 농약 사용량은 12.2킬로그램으로 단위면적당 농약 사용량이 세계 1위였다. 이는 1970년대 본격화된 녹색혁명형 농업의 일반화에 따른 결과이다. '녹색혁명(green revolution)'이란 제2차 세계대전 이후 미국 정부와 연구소에 의해 확산된 생산주의적 농업 방식의 패키지이다. 구체적으로는 다수확 품종, 화학비료, 농약, 농기계의 조합을 통한 급격한 생산성 향상을 추구하는 농업방식이다. 한국에서도 1970년대 녹색혁명이 진행되었고, 농업 생산성이 향상되었다. 현대적 농업 혹은 관행농업의 이면에는 농약과 화학비료 사용의 급증이 존재한다. 이는 사람들의 건강을 위협하고, 생태계의 균형을 파괴하는 결과를 낳았다. 카슨의 저작이 주는 메시지를 고려할 때, 한국의 화학농업의 근본적 전환이 필요하다. 보다 적극적인 친환경 농업의 도입이 필요하며, 소비자들도 자신의 건강을 지키기 위해 유기농 먹거리를 선택해야 한다. 더 나아가 농업이 가진 생태적 기능을 정상화시키기 위해서는 농약과 화학비료 사용이 최소화되어야 할 것이다.

4.3

지식인과 대학의 역할

신자유주의의 확산, 개인주의 심화, 그리고 심각한 취업난 등은 대학을 일종의 직업훈련소로 변화시키고 있다고 할 수 있다. 입학해서부터 취업 준비를 하고 스펙을 쌓기 위해 노력하는 것이 대학의 현실이 되어가고 있다. 많은 대학생들이 개인의 성공과 부의 획득을 삶의 목표로 삼게 되었다.

카슨의 삶은 지식인의 역할이 무엇인지에 대해 성찰할 수 있는 기회를 제공한다. 세계 전체 인구를 놓고 볼 때 대학생의 비율은 그다지 높지 않다. 더구나 고려대학교라고 하는 교육기관에 진학한 학생들은 시대를 선도하는 지도자로 성장할 가능성이 높은 인재들이다. 따라서 한편으로는 개인의 목표와 성취를 위해 노력해야 하지만 동시에 다른 사람을 배려하고 사회적 책임에 대해 고민해야 할 의무가 있다.

관련해서 제도로서의 대학도 깊은 성찰이 필요하다. 대학은 학생들에게 전문적·기능적 지식을 가르친다. 각 학생이 속한 학과에서 향후 직장에서 일하는 데 필요한 전문적 역량을 학습하는 것이다. 그러나 동시에 대학은 성찰적 지식을 가르치고 시민을 양성하는 곳이기도 하다. 정의, 공정, 평등, 자유와 같은 시민으로서 생각하고, 존중해야 할 사회적 가치에 대한 교육 역시 필요한 것이다. 레이첼 카슨의 《침묵의 봄》을 집필하고 세상을 떠나기 전까지 보여줬던 용기 있는 모습들은 그녀가 전문성을 갖춘 과학자이자 정의를 위해 목소리를 내는 성찰적 시민이었음을 확인케 한다.

4.4

융합적 인재

20세기 들어 대학이 제도화되면서 분과화가 빠르게 진행되었다. 학과 단위로 교육 프로그램이 만들어지고, 전문화된 지식을 더 깊이 연구하는 대학원이 팽창했다. 그리고 학회와 학회지가 만들어지면서 매우 세분화된 분과 학문들이 자리잡았다. 이 과정에서 비교적 오랜 역사를 지닌 두 문화, 즉 인문학과 자연과학의 거리는 그 어느 때보다 멀어졌다. 최근 융합적 연구 및 통섭에 대한 논의가 많이 이뤄지고 있다. 학제적 연구와 교육이 필요하다는 것이다. 카슨은 현재의 용어로 표현하면, 융합적 인재의 전형이라고 할 수 있다. 카슨은 앞에서 살펴본 바와 같이 인문학적 감수성과 글쓰기에 뛰어났다. 대학교 2학년 때 생물학으로 전공을 바꾼 이후 해양 생물학 전문가로서 경력을 쌓았다. 상당히 전문적인 내용을 많이 담고 있는 '바다 3부작'이 대중들의 사랑을 많이 받았던 이유도 해양 생태계 관련된 깊이 있는 정보들을 아름다운 문장과 섬세한 문체로 설명해 주는 카슨의 능력 때문이라고 할 수 있다. 《침묵의 봄》 역시 방대한 자료와 깊이 있는 과학적 내용을 담고 있는 동시에 사람들의 감정을 어루만지는 시적인 문장으로 이뤄져 있다.

21세기 새로운 시대는 보다 종합적인 시각과 융합적인 사고가 필요하다. 비록 필요에 따라 문·이과로 나뉘고, 세부 전공을 공부하지만 결국은 사회에 나가 다른 사람들과 어울려 소통하며 일하게 된다. 따라서 문과 학생들도 다양한 자연과학 관련 학문을 듣고 사고의 폭을 넓히는 것이 필요하다. 이과생들 역시 인문학 관련 수업을 수강하고, 고전을 많이 읽었으면 한다. 이런 과정을 통해 사고가 풍성해지고, 생각이 유연해지며, 소통의 역량이 강화될 수 있다.

참고 문헌

- 카슨, 레이첼. 《침묵의 봄》. 김은령 옮김. 에코리브르. 2002.
- 김재호. 《레이첼 카슨과 침묵의 봄》. 살림, 2009.
- 레빈, 엘렌. 《레이첼 카슨》. 권혁정 옮김. 나무처럼. 2010.
- 리어, 린다. 《레이첼 카슨 평전》. 김홍옥 옮김. 샨티, 2004.

더 읽어보기

레이첼 카슨. 《바닷바람을 맞으며》. 김은령 옮김. 에코리브르, 2017.

글쓰기를 좋아했던 해양학자 카슨의 소위 '바다 3부작' 첫 번째 책이다. 1941년에 출간되었는데, 도요새, 고등어, 뱀장어 등의 삶과 환경에 대해 고유의 아름다운 문체로 서술하고 있다. 자연의 연결성과 생명의 영속성에 대한 깨달음을 읽을 수 있다.

레이첼 카슨. 《우리를 둘러싼 바다》. 김홍옥 옮김. 에코리브르, 2018.

과학자이자 인문학자로서의 카슨의 재능이 맘껏 발휘된 '바다 3부작'의 두 번째 책이다. 1951년 6월부터 잡지 《뉴요커》에 연재했던 글들을 모아 같은 해 7월에 출간된 명저이다. 무려 86주 동안 베스트셀러 목록에 올랐으며, 32주 동안 1위에 올랐다. 바다 생명체들의 유기적 연결을 섬세한 필체로 생동감 있게 묘사했을 뿐 아니라 해양생태계의 역사와 생물의 진화를 과학적으로 설명했다는 평을 받았다. 1952년에 '내셔널 북 어워드' 비소설 부문 수상을 했고, 같은 해 '존 버로스 기념 메달'을 받았다. 이 책을 통해 재정적으로 여유가 생긴 카슨은 1952년 6월 공무원직을 사직하고 저술에 전념할 수 있게 되었다.

레이첼 카슨. 《바다의 가장자리》. 김홍옥 옮김. 에코리브르, 2018.

1955년 10월 출간된 '바다 3부작'의 마지막 작품이다. 1956년 11월 전국여성협의회의 '올해의 책'을 수상했다. 1인칭 화자로서 카슨의 목소리가 담긴 유일한 작품이자 생태적 관점에서 쓴 선도적 저술로 평가받는다. 카슨이 자신의 장례식장에서 읽어달라고 부탁한 글이 다음과 같은 이 책의 한 구절이었다고 한다. "나는 지금 나를 둘러싸고 있는 바다의 소리를 듣는다. 밤에 밀물이 차오르면서 서재 창가의 암석에 부서지며 소용돌이치는 소리를……"

린다 리어. 《레이첼 카슨 평전》. 김홍옥 옮김. 샨티, 2004.

린다 리어가 10년의 조사와 집필을 통해 완성한 레이첼 카슨의 삶 전체에 대한 평전이다. 린다 리어는 책의 부제로 카슨을 "시인의 마음으로 자연의 경이를 증언한 과학자"라고 묘사했든데, 카슨의 일생을 이보다 적절하게 표현한 문장은 흔하지 않은 것 같다. 카슨의 전문 번역자라고 할 수 있는 김홍옥은 이 책에 대해 "시시콜콜하다 싶을 정도로 내용이 조밀하"고, "가늘고 섬세한 실로 직조된 옷감같은 느낌을 준다"고 역자 후기에서 적고 있다. 린다 리어의 성실하고 집요한 작업을 통해 레이첼 카슨의 인생, 거의 전부를 알 수 있다.

엘렌 레빈. 《레이첼 카슨》. 권혁정 옮김. 나무처럼. 2010.

다른 평전에 비해 비교적 최근인 2007년에 저술된 책으로 다른 평전들에 비해 쉽게 쓰여졌다. 레이첼 카슨에 대해 잘 모르는 독자들에게 접근성이 높은 입문서라고 할 수 있다. 카슨의 사진과 일화들이 책 읽는 재미를 더해준다.

이미지 출처

- 한국전쟁 시기 DDT 사용

  조인원. 〈새끼줄로 격리하고 살충제로 방역하던 시절〉. 《조선일보》, 2021.3.30. https://www.chosun.com/site/data/html_dir/2020/03/31/2020033104979.html.

흐트러진 머리칼

일본 근대의 격변을 온몸으로 노래한 요사노 아키코

엄인경

1 요사노 아키코와 일본의 근대 시가

1.1 일본 근대 최고의 여성 문호

이 글에서는 일본 근대를 대표하는 문학자 요사노 아키코(与謝野晶子, 1878-1942)의 인물과 시대, 시가 작품에 관하여 살펴본다. 요사노 아키코는 1878년, 즉 1868년 메이지 유신(明治維新)이 단행된 지 십 년 후에 태어났다. 주지하듯 메이지 유신이란 일본의 전근대와 근대를 구분하는 기점이 된 명백하고도 중요한 사건이었으며, 이로 인해 메이지 시대 초기는 서양적 근대화가 시작되는 시대적 분위기, 다시 말해 서구의 모든 개념과 문물을 적극적으로 유입하려는 분위기가 일본 내에 팽배한 환경이었다. 그녀는 20세기 전반에 이르는 생애 동안 방대한 양의 시가를 비롯한 수많은 문학 작품 활동을 통해 후대에 큰 영향력을 준 여성 문인이다. 원래는 호 가문에서 태어났기 때문에 그녀의 결혼 전 이름은 호 쇼(鳳晶)인데, 일본 여성이 결혼을 하면서 남편의 성을 따르게 된 메이지 시대의 관습으로 인해 요사노 씨와 결혼하여 성을 바꾸었고 일본 여성 이름에 흔한 '子'(코)가 붙으며 요사노 아키코라는 이름으로 오래도록 기억된다.

요사노 아키코라는 여성 문호를 수식하는 별명에는 여러 가지가 있는

요사노 아키코(1923)

데, 그중 가장 유명한 것은 '정열의 가인(歌人)'이나 '반전(反戰) 시인'이라는 호칭일 것이다. 또한 그녀는 평생 시가를 다작한 것으로 유명하고, 시가 외에도 평론과 소설을 집필하고 고전의 현대어 번역에도 힘썼으며, 신시대의 여성해방 사상가로서의 면모도 갖춘 것은 물론이려니와 근대 일본의 여성 교육 분야에서도 적극적이었던 교육자이기도 했다.

이 글에서 주로 다루려는 내용은 그녀의 대표적인 시가 작품집인《흐트러진 머리칼(みだれ髪)》(1901)을 통해서 메이지라는 대변혁의 시대에 그녀가 느꼈고 표현했던 파격적 사랑의 양태를 살펴보려는 것이다. 더불어 그녀의 시〈너 죽는 일 부디 없기를(君死にたまふことなかれ)〉을 통해서 그녀가 전쟁을 어떻게 시로 표현을 했는지에 관해서도 같이 독해해 보기로 한다. 그리

고 마지막으로 1923년의 일본 도쿄를 중심으로 하는 수도권이 크게 괴멸되었던 간토대지진이라는 대재난을 배경으로 하는 진재(震災)를 목도하면서 그녀가 남긴 시가와, 1918년 세계적으로 유행했던 스페인 독감에 관련된 그녀의 산문을 조금씩 살펴봄으로써 재난의 시대에서 백 년의 시간을 격하고 우리에게 전달되는 문학의 보편성에 대해서도 생각해 볼 수 있을 것이다.

1.2

요사노 뎃칸

요사노 부부, 즉 요사노 아키코와 그녀의 남편 요사노 뎃칸(与謝野鉄幹)은 메이지 시대를 대표하는 '가인'이라 할 수 있다. 가인은 '歌人'이라고 쓰며 일본어로는 '가진'이라고 읽는데, 일본에 존재하는 고유한 일군의 문학자를 일컫는 것으로, 일본의 전통적인 단시형 정형시가인 단카(短歌)를 전문적으로 창작하는 사람을 말한다. 여기에서 잠시 메이지 시대의 단카 문단의 단면을 살펴보고 그녀와 결혼한 요사노 뎃칸이라는 인물을 소개하기로 한다.

먼저 단카라는 것에 관하여 설명하자면, 단카란 5·7·5·7·7 다섯 구로 이루어진 31음절의 짧은 일본 특유의 시가 장르이다. 한국어와 마찬가지로 일본어도 음절 단위가 성립되는 언어이므로 서른한 음절(일본 발음으로 서른한 글자)로 표현되는 비교적 짧은 형태의 정형시라 하겠다. 그런데 단카는 짧은 노래라는 뜻을 갖지만 그 역사는 일본 문학에서 가장 유구한 것으로, 8세기에 성립한《만요슈(萬葉集)》이래로 1,400년이 넘는 역사를 갖는 일본 고유의 가장 오래된 문학 형태이다. 단카는 와카(和歌)라고 부르는 경우도 많은데, 일본(和)의 노래(歌)라는 의미를 갖는 와카 중에서 가장 대표적이고 많이 지어진 형태가 5·7·5·7·7의 단카이기 때문에 그렇게 통용되기도 한다.

현재적 시점에서 보자면 일본의 단시형 문학 중에서는 하이쿠(俳句)가 세계적으로 가장 유명할 터이다. 하이쿠는 5·7·5 세 구의 겨우 열일곱 글자에 우주를 담아내는 시, 세상에서 가장 짧은 시라고 일컬어지는데 단카가 이어지는 유행 문예 형태 속에서 맨 앞의 세 구가 독립하여 17세기에 하이카이(俳諧)라는 이름으로 성립한 것이니 단카에 비해 역사적으로는 그리 오래되지 않은 후배 격의 장르라고 할 수 있다. 이와 같은 단카와 하이쿠는 일본의 대표적인 2대 단시형 장르이며, 현재까지도 상당한 대중성을 담보하고 있는 일본의 독특한 시가문학 형태라 할 수 있다.

천 년이 훌쩍 넘는 오랜 세월 동안 면면히 대량으로 창작되었던 단카, 그리고 단카를 전문적으로 창작했던 가인들은 메이지 시대에도 상당히 많았다. 메이지의 단카 문단, 즉 가단(歌壇)에서 단연 두각을 드러낸 인물이 바로 요사노 뎃칸이었다. 그는 1873년에 태어났으며 원래 이름은 요사노 히로시(与謝野寛)이고, 단카를 창작할 때 쓴 필명 뎃칸이라는 이름으로 널리 알려진 인물이다. 뎃칸은 문학청년이던 20대 초반 시절부터 메이지 유신에 의한 근대라는 시대의 변혁을 강력하게 의식하였고, 본인이 몸담았던 단카에서도 시대에 걸맞는 개혁과 혁신이 이루어져야 함을 젊은이의 기개

충만한 필력으로 평론을 통해서 주장했다. 그의 평론 중 가장 대표적인 것이 1894년 5월에 《이륙신보(二六新報)》라는 신문지상에 발표한 〈망국의 소리—지금의 대장부답지 않은 와카를 나무라다(亡国の音一現代の非丈夫的和歌を罵る)〉라는 글이다. 이 부제에서 알 수 있는 것처럼 당대의 구파(舊派) 가인들이 고수하던 옛날 풍을 그대로 답습하는 와카는 대장부답지 않다고 비판하는 내용의 평론이다.

> 내가 지금 세상의 단카에 관하여 왈가왈부 하려함에 우선 이 한마디로 그 대부분을 덮어버릴 수 있으리라, 이른바 '망국의 소리'라고 (…)

'망국의 소리'는 원래 《예기(礼記)》의 〈악기(楽記)〉에서 망국의 운명을 암시하는 듯한 난잡하고 구슬픈 곡조의 음악을 일컫는 말이다. 근대라는 혁신의 시대를 맞이했음에도 구태의연한 와카를 고집하는 구파의 단카를, 애조를 띠며 기개가 없어 일본이라는 새로운 근대 국가를 망하게 할 '망국의 소리'라 단죄하고, 그런 와카는 없어져야 한다는 강력한 단카 혁신론을 발표함으로써 메이지 문단에 새바람을 일으킨 것이다. 이렇게 뎃칸은 신파(新派)의 기수가 되어 메이지 문단의 주목과 존경을 받는 평론가이자 가인으로 등극하게 된다.

참고로, 요사노 뎃칸은 한반도와도 밀접한 관련을 가진 인물이었는데, 예를 들어 1895년 당시에 일본인 학교로서 아주 조기에 세워졌던 서울의 을미의숙(乙未義塾)이라는 학교에서 교사로 잠시 근무한 적도 있고, 을미사

변이 일어나자 일본으로 되돌아간 적도 있으며, 한반도를 소재로 한 단카를 짓기도 했다.

당시 단카 문단, 즉 가단(歌壇)의 중핵적 인물이었던 요사노 뎃칸의 가장 유명한 단카라고 한다면 다음의 노래를 들 수 있다.

나는야 사내/기개명성의 사내/검을 든 사내/시와 사랑의 사내/아아 번민의 사내.

1901년 발표된 단카로, '나는 어떠어떠한 사나이'라는 것을 서른한 음절의 단카 안에서 여러 번 반복하면서 운율적 리듬을 살리고 있다. '나'에게 중요한 것은 메이지 남성으로서의 기개와 명성, 그리고 마치 검을 휘두르듯이 붓을 휘두르는 사나이라는 신시대 문인의 기상이며, '나'의 내부 한편에서는 시를 사랑하고 사랑 때문에 고뇌하기도 한다는 내용을 담고 있다. 메이지 남성 지식인이라는 대외적인 사명감과 자기 가슴 내부의 사랑과 시 때문에 생기는 번민을 모두 표현하고 있는 위의 단카는 호검조(虎劍調), 즉 호랑이와 검을 떠오르게 하는 그의 남성적 작풍을 잘 보여준다고 할 수 있다.

또한 요사노 아키코와 결혼하고 세월이 지나 1934년경 아내 아키코가 병고에 시달렸을 때 뎃칸이 남긴 단카도 한 수 살펴보고자 한다.

하찮은 내가/대신 할 수 있다면/지금 죽으리/천부적 재능 있는/아내

목숨 값으로.

결과적으로는 1935년 요사노 뎃칸이 아키코보다 먼저 타계하게 되는데, 큰 병을 앓은 아키코를 보며 지은 위의 단카는 그 일 년 전에 지어진 것이다. 이때 뎃칸은 아내 아키코의 천부적인 문학적 재능을 깊이 인정하고 있고, 차라리 하찮은 내가 그녀를 대신할 수 있으면 내 목숨을 바치고 싶다는 내용으로 아내에 대한 지극한 사랑과 문학적 재능에 대한 존경을 표현하고 있음을 알 수 있다. 또한 한때 문단의 스타나 다름없던 그가 아내의 천부적 문학 소질에 비해 스스로를 하찮은 존재로 인식한 감각 또한 흥미롭다 하겠다.

1.3

메이지 최고 여성 가인의 탄생

요사노 아키코는 오사카(大阪) 사카이(界)의 한 노포(老舗) 집안에서 태어났다. 노포란 에도(江戸) 시대나 혹은 더 이전 시대부터 짧게는 백년에서 길게는 수백 년이 넘도록 한 집안이 계속 영업을 지속하는 상점을 말한다. 아키코의 태어난 호 가문은 일본의 전통 과자, 즉 양갱이나 만주(饅頭) 같은 것을 만드는 화과자(和菓子) 노포를 운영했다. 이 집의 셋째로 출생한 아키코에게는 위로 오빠가 있었고, 특히 장남인 오빠는 근대의 교육제도 속에서 장남으로서의 특권인 양 근대 교육의 특혜를 받으며 엘리트로 성장해 갔다. 아키코는 똑똑하고 재능도 있었지만 근대 여성이 받을 수 있는 교육이 시스템화하지 않은 시절이었기 때문에 소녀 시절부터 단카 창작을 통해 자기 심정의 표현법을 익혀갔다.

그렇게 십대 후반부터 열심히 창작에 참여하던 단카 활동 속에서 아키코는 뎃칸을 만나게 된 것이다. 당시 문단의 대스타로 자리매김하고 있던 요사노 뎃칸이 오사카 쪽으로 방문을 하였고, 오사카 지역 청년 문인들과 만나는 자리에서 둘의 인연이 생기게 된다. 아키코는 존경해 마지않던 문단의 혁신가 요사노 뎃칸에게 반하게 되고, 이후 여러 화제와 논란을 불러일으키는 행동으로 그와의 사랑을 쟁취해 간다.

아키코는 가출을 하다시피 오사카 사카이의 집을 뛰쳐나와서 당시 요사노 뎃칸의 집이 있던 도쿄로 뛰어들어 둘은 동거를 시작하게 되었다. 이 동거 자체부터 문단의 큰 가십거리가 되었는데, 사실 뎃칸은 이미 아내와 아이가 있던 몸이었기 때문이다. 어쨌든 뎃칸의 아내가 아이를 데리고 집을 나가고 둘의 동거가 시작되었으며, 뎃칸의 적극적 기획력으로 《흐트러진 머리칼》이라는 아키코의 대표 작품집이 탄생하게 된다. 두 사람은 결혼하여 육남 육녀 열두 명의 자녀를 낳고 이후 다복한 부부생활을 이룬다.

그리고 아키코가 다시 문단에 큰 논란을 불러일으킨 것이 1904년 러일전쟁이 발발했던 시기로, 당시 시 〈너 죽는 일 부디 없기를〉을 발표함으로써 다시 한번 세간에 큰 화제를 몰고 온다. 아키코는 이와 같은 시가 창작 활동만이 아니라 일본 최초의 여성 문예잡지인 《청탑(青鞜)》에도 시를 발표해서 여성운동에 몸을 담게 된다. '청탑(青鞜)'은 일본말로 '세이토'라고 발음하며, 블루스타킹이라고 하는 유럽에서의 여성운동 흐름을 따온 일본의 번역어이다.

그런데 요사노 아키코가 결혼 이후에 문인으로서 정력적으로 활동하게 된 것에 반해, 당시 문단의 정점에 있었던 뎃칸은 문학적인 한계를 느끼고 부진에 빠지게 된다. 그래서 부진을 극복하고자 유럽행을 결심하게 되고, 먼저 유럽으로 떠난 남편 뎃칸을 뒤쫓아 요사노 아키코는 혼자 남편을 찾아 유럽으로 향하였다. 아키코는 파리에서 남편을 만나 4개월 동안 유럽의 예술인과 문인들을 만나면서, 유럽의 문화적 환경이나 여성의 지위 등을 직접 목도하는 귀한 경험을 축적하였다. 아이들에 대한 걱정과 그리움으로 아키코는 먼저 귀국길에 오르는데, 유럽을 경험한 당시의 기록은 2년 후 남편과 함께 기행문《파리에서(巴里より)》(1914)에 담아냈고,《서구 왕래(西欧往来)》라는 시묶음 안의 〈여행에 나서다〉, 〈베르사유 산책〉, 〈여수〉 등의 시편을 통해서도 잘 볼 수 있다.

한편으로 그녀는 남편과 함께 교육자 니시무라 이사쿠(西村伊作), 미술가 이시이 하쿠테이(石井柏亭)와 협력하여, 1921년 일본 최초의 남녀공학 학교 문화학원(文化学院)을 창립하여 여성 교육에도 기여하게 된다. 그리고 1923년 9월 1일 제국의 수도를 강타한 대재난 간토대지진 당시에는 그녀가 소중하게 작업했던 원고가 소실되는 뼈아픈 경험을 겪는다. 이윽고 1935년에는 남편 뎃칸이 먼저 세상을 떠나고 여러 지병이 합병증으로 고생하던 요사노 아키코는 1942년 향년 63세로 사망하였다.

이처럼 20세기 전반의 격동의 일본 근대를 관통하며 그녀가 몸소 체험한 사랑, 여행, 생활, 육아, 교육뿐 아니라 수십 년의 세월 속에서 겪은 전쟁이나 대지진과 같은 큰 사건들을 대상으로, 그녀가 표현한 단카는 5만 수 이상이라 한다. 그 창작 단카 중 선별하여 작품집으로 묶은 것만도 26권에 이를 정도이며 근대 자유시 역시 수백 편을 창작했으니, 요사노 아키코를 근대 일본 최고의 시가 문학자라 해도 과언이 아닐 것이다.

아키코가 시가 외에도 여권의 신장, 여성 교육의 필요성이라는 움직임이 아직 미진하던 시기에 여성의 경제력과 사회문제를 다룬 많은 평론들을 지상에 발표하였던 것 역시 주목할 만하다. 또한 그녀가 1912년부터 1939년에 이르기까지 단속적으로 일본 최고의 장편 고전인 《겐지 이야기(源氏物語)》를 현대어로 옮기는 작업을 세 차례나 거듭했다는 점도 흥미롭다. 그 '현대어'라는 것이 정확하게는 20세기 전반의 근대 문어적 일본어라는 점에서 현재 통용되는 현대어와는 차이가 있다는 것은 지적해 두어야겠다. 하지만 그녀가 열성을 다한 이 현대어역 작업에서 《겐지 이야기》를 지은 무라사키 시키부(紫式部)라는 천 년 전의 여성 작가에 대한 관심, 예로부터의 일본 여성의 삶의 양태에 대한 그녀의 연구와 고민을 읽어낼 수 있다.

2 정열의 가인 —《흐트러진 머리칼》

2.1 가집(歌集) 탄생의 배경

본격적으로 요사노 아키코에게 '정열의 가인'이라는 별명을 안겨준 대표 작품집《흐트러진 머리칼》의 단카 작품을 읽어보기로 한다. 메이지 시대에는 문단에도 서양의 리얼리즘, 낭만주의, 자연주의와 같은 사조(思潮)가 물밀듯이 들어왔고 일본의 문학자들도 그러한 문학 사조를 적극적으로 수용하고자 하였다. 20세기 이전부터 유행했던 사조가 바로 낭만주의였고, 메이지 시대 후반이 되면서 낭만주의 문학을 전문적으로 다루는 문예잡지가 등장하였으며 그중에서 특히 낭만주의 시가 문학을 전면에 내세운 것이 바로《묘조(明星)》라는 잡지였다.

한자 '明星'를 보면 '묘조'란 밝은 별, 즉 샛별, 금성을 의미한다.《묘조》에는 메이지의 낭만주의 시가와 시가인들이 모여들었는데, 그중에서도 아키코는《묘조》의 단카 부분에서 매우 두드러진 창작 활동을 보인 가인이었다. 구파의 보수적인 단카와 완전히 대비되는 신파 단카의 상징적인 존재로서 아키코의 존재는 빛을 발하였다. 이 잡지에 그녀가 발표했던 단카를 모태로 약간의 수정과 첨삭 과정을 통해 1901년《흐트러진 머리칼》이

《묘조》 제10호의 표지(1901년 1월)

탄생하게 된 것이다.

잡지 《묘조》의 표지그림에는 별이 뜬 밤하늘을 배경으로 지상의 여인이 머리를 다 풀어헤친 채 나신(裸身)을 드러낸 모습이 등장하는 등 표지에서부터 직관적인 사랑의 낭만성을 짙게 표현하여 당시 문단에서는 관심과 요주의 대상이었다. 1900년 4월 창간된 이 《묘조》가 바로 다름 아닌 요사노 뎃칸이 창간, 주재한 잡지였으며, 이 잡지를 내는 주최를 신시사(新詩社) 즉 새로운 시의 모임이라 이름 붙였다. 《묘조》의 주된 내용은 낭만주의와 예술지상주의, 유미적·탐미적 경향의 시와 단카, 서양 문학의 소개 등이었다. 잡지 《묘조》를 근거지로 하여 시가 창작활동을 한 사람들을 '묘조파(明

星派)'라고 칭했는데, 묘조파는 다른 말로 '성근파(星菫派)'라 불리기도 했다. '星'과 '菫', 하늘의 별과 땅의 제비꽃이라는 낭만의 상징물들에 의탁하여서 특히나 남녀의 연애감정과 사랑을 수로 노래했던 낭만파 시인들에 대해 특별하게 취급하면서도 야유도 내포하는 표현으로 통용되었던 말이다.

2.2

가집의 구성

《흐트러진 머리칼》은 이 《묘조》라는 잡지에 발표했던 단카 중에서 가장 좋은 작품들을 남편 텟칸과 논의하여 399수로 선별해서 편집해 낸 작품집이다. 단카는 한 수 한 수가 독립적인 단시형 문학이므로 산문처럼 전체적 서사나 스토리를 갖는 문학의 형태는 아니지만, 이 작품집에 선별된 노래들은 사랑의 고뇌와 여성 신체의 아름다움, 청춘의 사랑을 주되고 특징적인 내용으로 삼아 메이지 낭만주의 시가의 백미로 꼽힌다. 단행본 《흐트러진 머리칼》의 표지 그림 또한 아주 유명한데, 머리칼을 흐트러뜨린 아름다운 여성의 옆얼굴과 이를 둘러싸고 있는 사랑의 상징인 하트 문양을 큐피드의 화살이 통하고 있으며, 그림 아래쪽에는 《흐트러진 머리칼》의 원제목 '미다레가미(みだれ髪)'가 히라가나(平仮名)와 한자로 마치 무늬인 양 캘리그래피로 디자인되어 있다.

《흐트러진 머리칼》은 다음과 같이 여섯 부분으로 구성되어 있다.

《흐트러진 머리칼》 표지 그림(1901)

〈연지 보라(臙脂紫)〉

사랑을 징표하는 색, 뎃칸과의 사랑의 시작과 고뇌의 98수

〈연꽃 배(蓮の花船)〉

젊은 여인의 우연한 만남과 연애 감정을 노래한 76수

〈흰 백합(白百合)〉

아키코와 삼각관계를 이루며 연적이던 친구에 관한 36수

〈스무 살 아내(はたち妻)〉

뎃칸의 부인이 집을 나가고 그와 동거하게 된 상황과 심정 87수

〈무희(舞姬)〉

교토의 무희를 주인공으로 한 22수

〈청춘의 사랑(春思)〉

정열적으로 사랑의 절정과 관능을 노래한 80수

맨 처음 소제목인 〈연지 보라〉란 붉은색을 아주 많이 띤 보라색을 의미하며, 아키코가 사랑을 징표하는 색으로써 즐겨 쓰던 표현이다. 뎃칸을 처음 만나면서 그 사랑에 점점 물들게 되는 것을 아키코는 이 연지 보라색이 점점 짙어지는 것으로 표현하고 있다. 네 번째 소제목은 〈스무 살 아내〉인데 여기에서는 뎃칸의 전 부인이 아이와 결국 집을 나감으로써 이별하고, 아키코가 뎃칸의 집으로 들어가 동거를 하게 된 스무 살 무렵의 상황과 심정을 노래한다. 그리고 마지막 부분 〈청춘의 사랑〉에는 아키코의 트레이드 마크처럼 되어버린 정열적 사랑의 절정과 관능을 노래한 일군의 단카들이 포함되어 있다.

2.3

〈연지 보라〉

이제 구체적 단카를 선별해서 읽어보고자 한다. 먼저 〈연지 보라〉 부분에는 일본인들이 많이 접하게 되어 은연중 외울 수 있을 만큼 유명한 단카들이 상당히 많이 포함되어 있다.

밤의 장막에/소곤대기를 마친/별 뜬 이 밤을/아래 세계 연인의/헝클어진 귀밑머리.

노래에 물어라/누가 들녘의 붉은/꽃 마다하리/정취 있기도 하지/청춘의 죄 지닌 이.

그 아이 스무 살/빗에 흘러내리는/검은 머리칼/자부하는 청춘의/아름다움이로다.

비단결 피부/뜨거운 피를 만져/보지도 않고/쓸쓸하지 않은가/도리 따지는 그대.

모두 아키코의 대표적인 단카로 젊은 여성으로서 사랑에 대해 품는 가슴 두근거림, 청춘의 죄라고 표현한 것처럼 일종의 죄의식 등을 노래하고 있다. 죄책감을 지니고 있음에도 불구하고 사랑을 표현하고자 하는 욕구, 그리고 누가 청춘의 '붉은 꽃을 마다'할 수 있겠느냐고 사랑의 불가역성을 노래하고 있다. 또한 '그 아이 스무 살'에서 그 아이란 요사노 아키코 본인을 가리키는 것으로 보이는데, 스무 살의 아름다운 젊은 여성이 빗에 흘러내리는, 즉 빗이 감당할 수 없을 정도로 탐스럽고 넘실거리는 검은 머리칼을 과시하는 모습이다. 이 '검은 머리칼'은 천 년이 넘도록 일본에서 여성의 신체미를 상징하는 가장 강력한 표상이라 할 수 있다. 그 검고 아름다운 머리칼을 통해 청춘의 아름다움을 자랑하는 젊은 여성의 자부심은 남성에 대한 예리한 도발로 이어진다. '비단결 피부'라는 단카에서는, 여성에게 아름답고 부드러운 비단결 같은 피부가 있고 그 안에는 뜨거운 피가 흐르고 있음에도 불구하고 그에 손조차 대지 않고 도리와 당위만을 따지는 그대—즉 남편 뎃칸을 비롯한 남성에게 쓸쓸하지 않느냐고 다그친다. 이처럼 '연지 보라'에는 청춘의 자부심, 육체의 관능미, 그리고 사랑에 수반하는 일말의 죄의식과 남성에 대한 도발 등을 담아내고 있다.

2.4

〈스무 살 아내〉

다음은 〈스무 살 아내〉에서 몇 수를 살펴보기로 하는데, 여기에서는 위에서 말한 '쇠'라는 표현이 조금 더 구체화되고 있음도 눈여겨볼 만하다.

가슴속 맑은 물/넘쳐흘러 결국은/흐려졌구나/그대도 죄 많은 몸/나 또한 죄 많은 몸.

검은 머리칼/천 갈래의 머리칼/흐트러지듯/그립고 그립다는/생각이 흐트러져.

틀어박혀서/가집 노래 고르는/질투장이 아내/오월의 한 집안에/우리 둘 아름다워.

첫 번째 단카의 '그대'와 '나'는 남편 뎃칸과 아키코 본인을 가리킨다. 순수한 동경심(憧憬心)의 마음에서 시작했던 사랑은 맑은 물처럼 시작되었지만 결국 감당할 수 없는 힘에 의해 선을 넘게 되어 결국은 탁해졌다는 의미를 담고 있다. 자의식에 더하여 아마 세간의 비난과 중상모략을 많이 받았음을 의식하는 심리도 포함되었을 것이다. 따라서 원래 유부남이던 뎃칸이 자신과의 연애로 아내와 아이를 저버리게 되었으니 죄가 많은 것이고, '나'도 그것을 알면서도 결국 '그대'를 내 사랑으로 만들어버렸으니 '나' 또한 죄가 많다는 의식이다.

그러면서도 여성 관능의 상징이라고 할 수 있는 검은 머리칼을 계속 노래하여 사랑에 얽혀든 심정을 그려내기도 한다. 여성의 머리카락이 흐트러진 모습은 실상 메이지 시대에 이르러서도 남에게 함부로 보일 수는 없는 모습이었다. 근대 이후에도 남의 손을 빌려서 단정한 올림머리를 하는 것이 일종의 엄연한 화장법이기도 했고 남에게 보일 수 있는 여성의 모습이었던 것에 반하여, 흐트러진 머리칼이란 밤을 함께 한 상대에게나 보일 수 있는 것이지 타인의 눈에 뜨이거나 드러낼 수 없는 내밀한 모습이기 때문이다. 그럼에도 불구하고 남녀의 동침을 전제로 한 흐트러진 머리칼을 작품집의 제목으로 내걸고, 이처럼 내부 단카에서도 그 머리칼의 관능성을 지속적으로 노래한다는 사실에서 기성 세대와 구파 가인들의 반발이 컸던 것이다.

'틀어박혀서'로 시작하는 단카는《흐트러진 머리칼》가집의 탄생 배경을 노래한다는 점에서 흥미로운데, '우리 둘'이란 뎃칸과 아키코의 모습이며, 어느 오월 두 사람의 사랑의 행각에 쏠린 중상모략과 세상 사람들의 손가락질을 의식하여 집 안에 틀어박힌 채, 문학에 대해 이야기하고 작품집 완성을 위해 서로 단카를 고르는 사이좋은 남녀의 모습이 그려져 있다. 특히 이 단카에서 '질투장이'라는 말에 주목하게 되는데, 이 질투에는 두 가지 의미가 담겨있다. 하나는 사랑이라는 감정적 질투인데, 유부남이었던 뎃칸을 본인이 전처에게서 빼앗았을 뿐 아니라 아키코와 사랑에 빠져 있던 당시에도 뎃칸은 아키코의 친구와 삼각관계를 형성하기도 했기 때문이다. 그리고 다른 하나의 질투는《흐트러진 머리칼》을 완성시킬 당시만 해도 뎃칸은 메이지 문단의 정점에 있던 위치였기 때문에 그의 문학적인 재능을 아마추어인 아내가 부러워하는, 문학적 재능에 대한 선망에서 오는 질시이기도 하다.

이러한 단카를 통해서 우리는 아키코가 노래하는 청춘의 맹목적이고 불가항력적인 사랑, 불륜이라는 세간의 비난의 시선을 의식하고 감내하면서 결국은 사랑하는 남자의 스무 살짜리 젊은 아내가 되었다는 사랑의 도취감을 도처에서 마주하게 된다.

2.5

〈청춘의 사랑〉

이제 〈청춘의 사랑〉에서 몇 수를 더 보기로 하자.

> 모든 이들의/사랑을 갈구하는/입술에다가/독이 든 꿀 가져다/발라보고 싶어라.

> 아름다운 나/봄 같은 청춘의 나/정열의 불꽃/내게는 날아오를/자유의 날개 있네.

> 아파 누우신/목덜미에 가냘픈/내 팔 두르고/열로 메말라 버린/그 입술을 마시리.

> 날 위한 노래/읊는 그대 소리에/깨어난 아침/머리 빗으라 건넨/빗에 부끄러웠네.

〈청춘의 사랑〉에서는 '입술'이 여러 번 표현되고 있는데, 사랑의 노래를 표방하고 있기에 입술이란 입맞춤을 유도하는 관능적인 신체 부위를 상징하는 것임은 말할 것도 없다. '모든 이들의'라는 단카에서는 모든 입맞춤을 원하는 사람들의 입술에 독이 든 꿀을 발라보고 싶다는 모종의 심술과 장난기가 발휘되고 있다. 물론 그 모든 이에 사랑에 빠진 아키코 본인 역시 포함된다고 하면, 죽음을 전제로 하는 사랑이라는 조금 더 심각하고 깊은 경지의 목숨을 건 애정임을 감지할 수도 있다.

'아름다운 나'라는 단카에서는 앞서 뎃칸이 '나는 어떠어떠한 사나이'라고 한 그의 대표적 단카를 상기시키며 자신을 말하는 '子'를 반복적으로 등장시키는 표현적 특성이 두드러진다. 물론 이 단카에서 '나'는 아름답고 봄 같은 청춘이면서 그 안에 정열의 불꽃을 숨기고 있으며, 여성이지만 날아오를 표현의 자유 및 날아오를 날개를 갖추고 있다고 여성성을 자부하는 내용이다. 그 날개란 어쩌면 언어로 자유롭게 표현할 수 있는 날개, 즉 단카라는 수단을 날개처럼 획득한 스스로에 대한 찬사라고도 볼 수 있을 것이다.

세 번째 '아파 누우신'이라는 단카는 남편 뎃칸이 아팠을 때 병간호를 하던 것을 배경으로 한 노래인데, 아픈 그대의 열 때문에 바싹 말라버린 입술을 마시고 싶다는 노골적인 관능성을 드러내고 있다. 마지막 '날 위한 노래'에서는 그대가 나를 보고 머리를 빗으라며 건네준 빗에 부끄러움을 느꼈다고 하는데, 앞서 살펴본 것처럼 머리칼이 흐트러져 있었던 것, 즉 밤을 함께 한 남자에게만 보일 수 있는 모습을 하고 있다는 자각에 대한 부끄러움이 표현되어 있다.

2.6

가집 발표 이후

《흐트러진 머리칼》이 발표된 당시 여기 수록된 단카에 관해서는 뜨거운 찬반양론이 일었고 다양한 평가가 이루어졌다. 가장 화제가 된 것은 뎃칸에 대한 뜨거운 아키코의 연모의 감정과 직설적인 연애 표현 자체였다. 또한 두 사람의 스캔들에 대한 문단의 중상모략이나 여론 또한 심상치 않았다. 예를 들어 동시대의 어떤 잡지에서는 "외행추태를 적은 곳이 많다, 인심에 해를 끼치고 세상 가르침에 독이 된다고 기탄없이 판정한다"고 맹렬하게 비난했다. 하지만 당시의 반응이 이러한 비난 일색이었다고는 할 수 없으며, 한편에서는 새로운 단카의 등장을 환영하는 움직임도 상당히 컸다. "시단 혁신의 선구이자 여성 작품으로 환영할 가치"가 있으며 "신문학의 탄생"이라는 환영과 칭송의 메시지 또한 동시대 젊은 시인들에게서 나왔던 것이다. 이렇게 해서 요사노 아키코는 메이지 문단의 그야말로 '샛별'과 같은 존재로 등장하였으며, 그녀의 단카 또한 유명세를 타면서 그녀에게 '정열의 가인', '비단결 피부의 아키코'라는 식의 수식어를 부여하게 된다.

《흐트러진 머리칼》의 원문은 난해한 고어(古語)와 문어(文語), 아키코가 만든 것으로 보이는 조어적(造語)도 다용되어 독해가 상당히 어렵다. 이 작품집의 재해석이나 현대어로 옮기는 작업이 일본 내에서는 계속 논의될 정도다. 발표 당시부터 표현과 의미성에 논란이 끊이지 않았음에도 불구하고, 이 작품집이 담고 있는 격정과 참신성은 크게 유행하게 되었고, 근대 가집으로는 유례없는 화제작이 되었다. 그리고 이 화제작《흐트러진 머리칼》을 통해 부부간 문학적인 재능에 역전 현상이 일어난 것도 흥미로운 지점이라고 할 수 있는데, 본인이 기획하여 출간한 이 가집의 발표 이후 문단의 정점에 있던 뎃칸은 점차 문학적 재능의 한계에 부딪히고 부진에 빠져 나중에는 '아내의 덤'이 아니냐는 취급을 받기에 이르기 때문이다.

3 반전시
―〈너 죽는 일 부디 없기를〉

3.1
시 발표의 배경

이제 요사노 아키코에게 반전 시인이라는 호칭을 안겨준 시 〈너 죽는 일 부디 없기를(君死にたまふことなかれ)〉을 면밀하게 읽어보기로 한다. 이 시는 1904년 9월에 잡지《묘조》에 발표되었으며, 시의 부제가 '뤼순 포위군 안에 있는 동생을 한탄하며(旅順口包囲軍の中に在る弟を嘆きて)'라고 되어 있어서 동생이 낯선 이

국의 위태로운 전장에 가있음에 안타까운 마음을 담아 지은 시인 것을 알 수 있다. 이 시가 발표된 시공간적 배경에 관하여 살펴보면, 때는 1904년으로 동아시아를 배경으로 한 국제전인 러일전쟁이 발발한 시기였고, 시가 지칭한 장소는 그 최대 격전지 중 한 곳이었던 러시아군 근거지 중국의 뤼순(旅順) 지역이다. 아키코는 뤼순에 주둔한 러시아군을 공격하게 된 일본군 제3군에 동생 호 주사부로(鳳籌三郎)가 배속되었다는 소문을 듣게 된다. 결과적으로 이 소문은 정확한 사실이 아니었다는 것을 나중에 알게 되지만, 처음이 소식을 접하고 격전이 예고된 곳에 동생이 죽음을 각오하고 가야 한다는 것에 놀란 아키코는, 친정의 가업을 이을 귀하고 각별한 동생에 대한 걱정과 애정을 이 시에 담아낸 것이다. 호씨 가문을 승계하기로 약속된 동생이 신혼의 상태였음에도 불구하고 임신한 젊은 아내를 두고 죽을지도 모르는 전쟁의 길로 향하게 된 것을 한탄하는 내용이 이 시의 주조를 이룬다.

3.2

〈너 죽는 일 부디 없기를〉 전문 읽기

이 시의 원문은 일본어의 독특한 리듬인 7·5조로 이루어져 있고 여덟 행씩의 다섯 연으로 구성이 되어있다. 내용 파악을 위해 전문을 읽어보기로 한다.

아아, 동생아, 너를 위해 우노라,
너 죽는 일 부디 없기를.

막내로 태어난 너이기에
부모님 애정은 각별했거늘,
부모가 칼붙이 쥐어주면서
사람을 죽이라 가르쳤더냐,
사람을 죽이고 죽으라고
스물넷이 되도록 키워줬더냐.

사카이(堺) 거리 장사꾼
오래된 가게임을 자랑스러워하는 주인으로,
부모님 이름을 이을 너이니,
너 죽는 일 부디 없기를.
뤼순의 성이 무너진다 한들,
무너지지 않는다 한들, 무슨 상관이더냐,
너는 모르느냐, 장사꾼
가문의 관습과는 무연한 일임을.

너 죽는 일 부디 없기를.
천황께서, 전쟁에
그 스스로는 나가시지 않고
서로서로 피를 흘리며
짐승의 길 위에서 죽으라 하다니,

죽는 것을 사람의 명예라 하다니,
그 혜량이 깊다면,
처음부터 대체 무얼 어찌 생각하신 것이더냐.

아아, 동생아, 전쟁에서
너 죽는 일 부디 없기를.
지난 가을에 아버지를
먼저 보내신 어머니는,
탄식 속에서, 가슴 아프게,
자식을 부르시며, 집을 지키시고,
평안하다는 시대라지만
어머니 흰머리는 늘어만 가누나.

가게 구석에 엎드려 우는
아리땁고 젊은 새색시를
너 잊었느냐, 그리느냐.
열 달도 같이 있지 못하고 헤어진
소녀 같은 마음을 생각해 보려마.
이 세상에 오직 너 말고
아아 또 누구를 의지하겠느냐.
너 죽는 일 부디 없기를.

이 시를 발표한 1904년에는 아키코가 스물여섯, 동생 주사부로는 스물넷이었다. 첫 연에서 화자는 동생에게 부모가 사람을 죽이고 너도 죽으라고 가르쳤더냐, 이렇게 다그치는 내용으로 시작한다. 두 번째 연에도 당시 전쟁을 수행하는 내셔널리즘에 입각한 이데올로그들에게는 문제의 소지가 충분한 표현이 있었는데, 온 일본 국민들의 관심이 러일전쟁의 뤼순 전투에 집중이 되어 있을 시기이거늘 그곳이 함락되거나 말거나 그것이 '무슨 상관이더냐'라고 한 표현이 바로 그것이었다.

그리고 사실상 이 시에서 당시 가장 크게 논란이 된 것은 세 번째 연이었다. 바로 일본의 상징적인 존재인 '천황'을 시 안에서 직접적으로 호명해 버렸기 때문이다. 메이지 정부가 청일전쟁의 승리 이후 국세전에 대한 자신감으로 밀어붙인 러일전쟁이 수행되는 당시, 물론 1연의 부모님을 운운하는 호소, 2연의 뤼순이 어떻게 되든 상관없다는 식의 표현은 메이지 식자들에게 일일이 다 트집잡힐 문제였지만, 특히 3연에서 '천황께서, 전쟁에/그 스스로는 나가시지 않고/서로서로 피를 흘리며/짐승의 길 위에서 죽으라 하다니/죽는 것을 사람의 명예라 하다니'라고 한 부분은 그 파장이 컸다. 러일전쟁의 수행이 인간답지 못한 길에서 죽으라고 사람을 내모는 일이라고 지적하거나, 천황이 스스로는 직접 나가지도 않으면서 전쟁에서 짐승처럼 죽고 죽이는 것이 어떻게 명예일 수 있냐는 반어적 질문을 던지는 아키코의 낭돌함에 전쟁 수행의 책임과 그 명분을 뒷받침하던 사람들은 분통을 터뜨리고 말았다.

3.3

시 발표 이후의 논란

이 시가 발표된 바로 다음 달, 당시 가장 유력한 메이지 잡지《태양(太陽)》의 1904년 10월호에는 논객 오마치 게이게쓰(大町桂月)에 의해〈묘조의 염전가(明星の厭戰歌)〉라는 제목으로 이 시에 대한 비난문이 게재된다. 그 주된 내용은 '국가 관념을 무시하는 위험한 사상의 발현'이라거나 '일개 여자가 의용공으로 봉사해야 한다고 말씀하신 교육칙어, 또한 선전조칙을 비난하다니. 대담한 노릇이로다'라는 식이었다. 여기에서 말하는 '교육칙어(教育勅語)'나 '선전조칙(宣戰詔勅)'의 '칙(勅)'이라는 글자는 천황의 명령을 뜻하는 것이며, 교육에 관련된 천황의 명령, 전쟁을 개전한다는 천황의 명령을 가리키는 말이다. '칙'=천황이 지상(至上)의 위치라는 사상에 입각한 대부분의 메이지 지식인들에게 아키코의 이 시는 경천동지할 내용이었을 것이며, 오마치가 말한 것처럼 아키코가 국가 정책을 정면으로 비난했다거나 천황을 풍자적으로 비판했다고 공격적 비난은 당연히 동조해야 하는 내용이었을 것이다. 그런데 이에 대해서 아키코는 자신의 이 시가 국민의 소리를 원당(願堂)에 전하고자 하여 시인의 사명감에서 진심을 노래한 것뿐이며, 출진하여 헤어진 사람들이 만세를 부르짖는 것과 같은 마음을 동생에게 보내는 편지로 적은 정도라고 누그러진 듯한 어조로 말하면서도《묘조》11월호에서 다음과 같이 일갈한다.

> 제가 〈너 죽는 일 부디 없기를〉을 노래한 것을 게이게쓰 님이 아주 위험한 사상이라 말씀하셨지만 요즘처럼 죽어라, 죽어야 한다고 말하는 것, 또한 모든 일에 충군 애국과 같은 글자나 황송하기만 한 교육칙어 같은 것을 끌어와 논하는 것이 유행하는 게 도리어 더 위험한 게 아니겠습니까?

즉 말 한마디 한마디마다 전쟁 수행과 전쟁에 나가 죽는 것을 명예로운 것이라 당연히 여기고, 유행어처럼 천황의 명령이라는 권위에 기대어 '칙어'나 '조칙'을 운운하는 것이 유행어처럼 돼버린 현상이 오히려 의문이고 훨씬 위험한 것이 아닌가 반문을 던지고 있다. 그러면서 이 시는 개인의 솔직한 심정의 토로이고, 이는 무엇으로도 거스를 수 없는 육친의 안녕과 무사를 기원하는 인류 보편의 심정이라고 조목조목 짚었다. 당시 메이지 군부 및 관헌의 압력과 군국주의적인 풍조를 고려한다면 아키코의 시 발표와 이후의 대처가 얼마나 대담한 것이었는지 추측할 수 있다. 더불어 진실된 감정을 망설임 없이 시가로 표현한다 것을 누누이 강조하는 내용도 있어서, 이러한 부분에서는 아키코의 문학적 신념 또한 엿볼 수 있다. 그리고 이 시를 통해서 요사노 아키코는 바로 반전시인의 대열에 오르게 되고, 〈너 죽는 일 부디 없기를〉(일본어 원제는 '기미 시니타모우 고토 나카레[君死にたまふことなかれ]'라고 읽는다)은 일본에서 중등교육은 받은 사람이라면 모두가 아는 유명한 반전시로 자리매김된 것이다.

4 요사노 아키코의 현재적 의미

4.1 21세기에 유통되는 캐릭터 아키코

요사노 아키코라는 여성 문학자와 그녀의 시가가 지닌 현재적인 측면에 관하여 생각해 보기로 한다. 요사노 아키코(与謝野晶子)라는 그녀의 이름을 일본의 포털사이트에서 검색하면 그 이미지에는 요사노 아키코의 실제 사진보다 캐릭터 그림이 먼저 뜬다. 텔레비전 애니메이션으로 제작되어 2017년 이후부터 상당히 인기를 끌고 있는 《문호 스트레이독스(文豪ストレイドッグス)》의 등장인물이다. 함께 등장하는 남자 문학자들을 압도하는 강력한 여성 캐릭터로 그려지고 있으며, 서점에서 흔하게 접할 수 있는 요사노 아키코의 문고본 서적 표지도 이 캐릭터로 장식되어 있다. 현대적이고 젊은 캐릭터로 그려진 요사노 아키코의 모습이 신선한데, 근대의 신여성 이미지도 일부 차용하고 있으며, 흥미로운 초능력을 지닌 탐정단의 일원으로 설정되어 있다. 그녀가 가진 이능력(異能力)의 이름이 바로 앞서 살펴본 그녀의 대표적인 시 〈너 죽는 일 부디 없기를〉이며 그녀는 빈사 상태에 빠진 사람을 살릴 수 있는 초능력의 소유자이다.

아키코가 캐릭터로 나오는 작품은 이 외에도 《달에 못 짖겠어(月に吠えら

요사노 아키코의 애니메이션 캐릭터를
표지그림으로 삼은 가도카와 서점판
《흐트러진 머리칼》 문고본(2017)

んねえ)》(2013~2019)라는 만화가 있다. 《달에 못 짖겠어》는 일본 근대 시가인들의 자의식과 문학자의 전쟁책임을 테마로 하여 2017년 일본 문화청 미디어예술제에서 만화부문 신인상을 수상한 수작으로, 여기에서는 아키코라는 인물뿐 아니라 그녀의 시가 작품을 합한 이미지를 형상화한 '앗코'라는 캐릭터가 등장한다. '앗코'는 근대 여성 문학자 대스타로서 정열적으로 남편을 리드하는 아내이자 무슨 일이든 다 열심이고 잘 해내는 여성이며, 그녀의 남편은 오히려 문단의 정점에서 부진의 늪에 빠져 고뇌하는 모습으로 그려져, 뎃칸과 아키코의 부부관계와 작품세계가 잘 녹아있다. 이것은 사실관계를 미묘하게 비튼 2차 창작적 성격이 강하지만, 그 캐릭터가 실제와 허구를 절묘하게 혼재하고 있다는 점은 매우 흥미롭다. 여기에서 중

요한 것은 이러한 만화나 애니메이션을 통해 일본의 젊은 층이 유명한 근대의 문호들의 캐릭터와 이미지 자체를 향수하고 소비하는 현상이 꽤 일반화되어 있다는 점, 그리고 실제 문학자 및 문학 작품과의 괴리와 변형의 정도를 알고 싶어 하고 근대 문학작품을 직접 읽어보는 행위로 전환하는 현상일 것이다.

이러한 현상에서 일본의 여성 문학가로 가장 빈번히 호명되는 것은 단연 요사노 아키코라 하겠다. 만화나 애니메이션보다 더 대중적이라고 할 수 있는 텔레비전 광고에서조차 아키코를 다룬 경우가 있다. 도요타의 어떤 자동차 광고에 다음과 같은 단카가 등장한다.

> 비단결 피부/뜨거운 피를 만져/보지도 않고/쓸쓸하지 않은가/도리 따지는 그대

여성이 운전석에 앉은 남자에게 이 단카를 읊는 이 장면은, 도리만 따지지 말고 곁에 있는 여성을 소중하게 바라보고 대하라는 이미지 광고다. 이 광고에서 요사노 아키코의 단카가 지닌 여성성의 어필과 도발이 시청자에게 어떠한 메시지를 주고 어떻게 차의 구매욕을 높이는 데에 활용되고 있는지, 그리고 아키코의 단카가 얼마나 대중화되어 있는지를 알 수 있는 대표적 사례라고 여겨진다.

4.2

아키코 기념의 공간

이제 요사노 아키코를 기억하기 위한 공간과 작업을 몇 가지 언급해 두기로 한다. 그녀의 출신지인 오사카 사카이 시에는 요사노 아키코 기념관(与謝野晶子記念館)이 있다. 사카이 리쇼노모리(さかい利晶の杜)라는 거대한 시설 안에 이 기념관이 마련되어 있으며 그녀의 친필 원고, 작품집 원본 등이 전시되고 있고 방문객도 많은 명소이다. 또한 꼭 오사카 사카이가 아니더라도 일본 전역에서 아키코의 흔적과 만날 수도 있는데, 이는 곳곳에 남아 있는 가비(歌碑)라는 일본의 독특한 구조물 때문이다. 가비란 단카를 돌에다 새겨 넣은 것을 말하는데, 요사노 뎃칸과 아키코 부부가 일본 곳곳을 여행하며 그곳에서 경험한 것이나 감정, 서로 주고받은 증답가(贈答歌) 등을 남긴 것이 지역과 결합하여 인구에 회자되면서 가비로 만들어진 것이다. 1990년대에 간행된 어느 책에서 일본 전역의 아키코의 가비 125곳을 기재해 두어 대략의 수적인 규모를 추측할 수 있는 셈이다.

또한 아키코 기념 작업으로 특기할 만한 것은 지폐의 인물로 거론된 적이 있다는 사실인데, 그녀의 유명세와 작품성은 지폐에 실릴 여성인물로 지목되기에 충분한 것이었음을 반증한다. 그런데 아이러니컬하게도 그녀가 국가 방침에 정면으로 도전하는 반전시를 썼다는 이유로 최종 후보에서 탈락하게 된다. 우표의 도안으로는 여러 번 발행된 인물이기도 하니, 요사노 아키코는 일본에서 아직도 화제성 풍부한 근대 여성임에는 틀림없어 보인다.

4.3

전쟁과 재난에 대하여

이제 남은 문제는 요사노 아키코를 어떻게 기억할 것인가이다. 사랑에 열정적인 가인이었던 것은 분명한데 그녀에게 과연 다른 전쟁과 재난은 어떠한 것이었을까?

〈너 죽는 일 부디 없기를〉은 요사노 아키코를 반전 시인의 대열에 올려놓은 시임에는 분명하지만, 그녀가 평생토록 반전주의자였는가 평화주의자였는가라는 질문에는 답하기가 쉽지 않다. 그녀는 러일전쟁 외에도 제1차 세계대전, 제2차 세계대전을 모두 생전에 경험하는데, 제1차 세계대전 때는 〈전쟁(戰爭)〉이라는 시 속에서 다음과 같이 말한다.

> 지금은 싸울 때다.
> 전쟁을 혐오하는 나조차
> 오늘날에는 기분이 앙양되누나.

기분이 앙양된다고 전쟁에 대한 흥분이 토로하며 전쟁을 해야 할 시기, 싸워야 할 때라고 말하는 내용이다. 또한 50대 이후에 창작한 천황 찬미의 단카도 눈에 띄며, 제2차 세계대전 때에는 다음과 같은 단카까지 남긴 것을 확인할 수 있다.

해군으로서/대위계급이 되어/내 아들 시로(四郎)/전쟁터 가는구나/용맹히 싸우거라.

세월의 흐름 속에서 러일전쟁과 제1차 세계대전, 제2차 세계대전을 지켜보는 시가로 표현한 아키코 내부의 어떠한 가치관이 달라진 것인지, 문단의 중심적 존재로 살아가면서 그녀에게 어떠한 입장의 변화가 생긴 것인지 생각하게 만드는 대목이다. 젊은 날의 요사노 아키코가 반전시, 염전가로 기성세대에 도전하고 당당히 본심을 토로할 수 있다는 시작 이념을 실천한 것은 사실이지만, 그녀가 평생토록 신념에 가득찬 반전주의자, 평화주의자일 수는 없었던 면모를 여기에서 보게 된다.

전쟁은 인간에 의한 인위적 재난 상황이라고 할 수 있는데, 이에 비해 인간의 힘으로 어찌 할 도리가 없는 자연재해는 아키코에게 어떻게 표현되었을까? 잠시 아키코가 겪은 대재난과 이와 관련된 그녀의 시가 및 언설을 살펴보기로 한다. 그녀가 평생 겪었던 자연재해 중 가장 컸던 재난이라면 1923년 9월 1일에 발생하여 수도권을 패닉 상태에 빠트린 간토대지진(関東大震災)이었다고 할 수 있을 것이다.

십여 년 동안/내가 써서 모아둔/초고의 흔적/남은 딕이 있으라/힉원의 잿더미 속.

간토대지진이 일어난 당시 아키코는 여성교육을 위해서 문화학원 일에 전력을 다하고 있었는데, 위의 단카는 《겐지 이야기》의 두 번째 현대어역 작업을 한 원고를 모아둔 것이 간토대지진 때 화재로 소실된 것에 대한 허탈함을 노래한 것이다. 간토대지진이 있었던 바로 다음 달에는 1923년 10월에 여러 시가인들의 대지진 관련 작품집 《다이쇼 대지진 대화재(大正大地震大火災)》라는 선집이 나왔는데, 이 움직임은 재난 후의 문학이 얼마나 신속히 요청되었는지와 재난을 그려낸 문학의 기록과 위무라는 역할을 생각하게 만든다. 당시 유명 문학자들이 신속히 집결한 이 작품집 안에서 요사노 아키코는 〈천변지동(天變地動)〉이라는 제목으로 다음과 같은 몇 수의 단카를 발표하였다.

세상의 모든/것들을 마음에서/긁어 없애는/천재지변 일어난/하필 이 때를 만나.

천지 무너져/생명 애석해하는/마음조차도/지금은 잠시 동안/완전히 잊어야 해.

여전히 지진/흔들리니 항간을/달리는 사람/결국 살았을 거라/여겨지지도 않네.

지진이라는 대재난과 2020년 이후의 COVID-19 팬데믹은, 재난의 성격이야 서로 다르지만 이 재난을 겪고 통과해야 하는 사람의 마음에서는 공통된 기제가 보인다. 하필이면 이런 시대에 이런 일이 벌어진다는 대상 없는 원망과 하나하나의 생명을 애도하거나 타인의 목숨을 애석해할 여유조차 허락되지 않는 재난 속의 혹독한 상황, 과거의 나와 관계를 맺거나 현재 내 시야에 있는 누군가가 미래를 공유할 만큼 오래 살 수 있으리라 확신할 수 없는 무차별적인 대량의 죽음을 목도하는 시선이다. 재난의 시대에 인간이 느끼고 겪는 이러한 황망함을 시가문학으로 기록하고 표현한다는 맥락은 오늘날과 충분히 상통하는 바이다.

시가문학뿐 아니라 1918년 전 세계를 강타한 스페인 독감에 관하여 쓴 아키코의 산문에서도 오늘날의 팬데믹 상황과 중첩되는 지점은 많다. 〈감기 병상에서(感冒の床から)〉(1918. 11. 7.)라는 글의 묘사가 드러내는 현재성은 놀라울 따름이다.

이번 독감은 세계 전체에서 유행한다고 합니다. 감기마저 교통기관의 발달에 동반하여 세계적으로 퍼졌습니다.

이 독감의 전염성이 급작스러운 것에는 정말 놀라게 됩니다. 우리 집에서도 아이 하나가 소학교에서 전염되어 왔는데, 집안 사람들 전체가 차례로 전염되어 버렸습니다. 다만 이번 여름에 비젠(備前) 바닷가에 가있던 두 사내아이들만 아직 오늘까지 앓지 않는 것을 보니, 해수욕의 효험이 이렇게 대단한 것인가 싶은 생각이 듭니다.

도쿄에서도 오사카에서도 독감 때문에 급성 폐렴을 일으켜 죽은 사람이 많다는 것은 신문에 사망 광고가 증가한 것에서도 상상할 수 있습니다. 문단에서 갑자기 시마무라 호게쓰(島村抱月) 씨를 잃은 것도 이 독감이 끼친 큰 손해의 하나입니다.

백여 년 전의 스페인 독감이 종종 COVID-19와 비교되는데, 아키코의 이 기록을 보면 뱃길이냐 하늘길이냐의 차이나 텔레비전이냐 신문이냐의 차이야 있지만, 첫째로 교통 발달이 세계적 대유행을 촉진하고 강한 전염력이 문제라는 점, 둘째로 해수욕과 같은 신체 활동이 면역 효과를 갖는다는 점, 셋째로 고열과 폐손상으로 중증상황으로 간다는 위험성, 넷째로 지인이나 유명인의 사망을 가까이에서 겪는 경험 등은 완전히 현재와 일치하는 인식 상태를 정확히 보여주고 있다.

게다가 스페인 독감도 빨리 종식되지 않고 오래도록 죽음의 공포로 사람들을 옥죄었는데, 1920년 1월 23일 자로 발표한 〈죽음의 공포(死の恐怖)〉라는 산문에서 아키코는 이러한 기원으로 마무리하고 있다. 여러 차례 거듭되는 유행의 파도를 겪으며 팬데믹 종식을 간절히 원하는 우리의 심정과 한치의 어긋남도 없다.

독감 유행기가 빨리 지나가서 각자가 작금과 같은 육체의 불안함이 없이 생각하고 노동할 수 있기를 기원합니다.

대재난의 현실을 목도하며 그 속에서 냉철하게 현실과 인과관계를 보려하고 그것을 문학적 기록으로 남긴 아키코의 재능은 백 년 후 재난의 시대를 살아가는 우리에게 동감을 불러일으키기에 충분하다.

4.4

동아시아 여성의 시각에서 보는 요사노 아키코

이제 끝으로 근대 동아시아의 여권 신장이라는 측면에서 요사노 아키코의 의미를 언급하고 이 글을 마치기로 한다. 아키코에게는 근대 일본의 여권 신장을 위한 평론과 교육 활동, 유럽 견문의 경험이 있다. 근대 '조선'의 유명한 여성 나혜식은 요사노 아키코에게 큰 감명을 받았다고 했고, 김일엽 등이 조직한 조선 여성운동 조직인 '청탑회'에도 일본《청탑》에 수록된 아키코의 시 수용과 영향은 추측되는 바가 있으며, 또한 중국에도 요사노 아키코의 글이 번역되어서 중국의 여성운동과 계몽운동에 큰 영향을 주었다고 한다. 이처럼 요사노 아키코는 동아시아의 근대 지식인들에게 성, 연애, 여성, 교육, 양성평등에 관하여 혁신적인 주장을 전하고 반향을 일으켰다. 오늘날 동아시아를 넘어 전세계의 뜨거운 화제 중 하나는 페미니즘이라고도 할 수 있는데, 한국과 일본과 중국의 젠더주의나 여성의 지위는 비슷하면서도 조금씩 다른 위치에 도달해 있는 듯하다. 이러한 동아시아의 여성주의 근원에 대한 모색, 이해, 연대를 생각하는 단계에서 요사노 아키코는 돌아볼 만한 의미와 중요성을 내포한 인물일 것이다.

이상으로 정열의 가인인 요사노 아키코의 일생과 그녀의 시가 작품을 살펴보았다. 작품집 《흐트러진 머리칼》을 통해서 여성의 사랑의 대한 욕망과 관능이 여성이 주체가 되어 직설적으로 노래되었고, 이를 둘러싼 비난과 논란에도 불구하고 여성의 자유로운 표현이라는 아키코의 공적 또한 확인 가능했다. 또한 시 〈너 죽는 일 부디 없기를〉을 통해서는 군국주의가 팽배했던 러일전쟁 때 그녀가 던진 반전 메시지를 파악해 보았다. 이처럼 요사노 아키코는 사랑과 전쟁, 재난이라는 보편적이고 방대한 문학의 소재를 한 몸으로 구현한 문학자였다. 솔직한 감정토로, 대담한 발상, 기성세대를 도발하는 신파 낭만주의의 선봉에 있던 요사노 아키코를 읽어낼 수 있었다. 근대의 이른 시기에 여성을 주체로 인식하고 주장했던 아키코, 간토대지진과 스페인 독감과 같은 대재난과 여러 전쟁을 통과한 아키코의 다른 시가나 평론, 에세이 등도 일독의 가치가 충분할 것이다.

참고 문헌

- 김도경. 〈식민지와 제국의 여성운동, 그 접점과 간극〉. 《석당논총》(동아대학교 석당학술원) 74(2019).
- 송명희. 〈나혜석과 요사노 아키코의 모성이데올로기 비판과 여성적 글쓰기〉. 《인문사회과학연구》(인문사회과학연구소) 17(3)(2016).
- 최정아. 〈동아시아 문학과 여성—나혜석, 요사노 아키코, 장아이링을 중심으로〉. 《인문논총》(서울대학교 인문학연구원) 72(2015).

더 읽어보기

요사노 아키코. 《일본 근현대여성문학 선집 3—요사노아키코 2》. 엄인경·이혜원 옮김. 어문학사, 2019.

요사노 아키코의 대표작 《흐트러진 머리칼》의 단카 399수 완역과 〈너 죽는 일 부디 없기를〉, 《서구왕래》 등 백여 편의 시를 수록한 번역 시가집이다.

요사노 아키코. 《일본 근현대여성문학 선집 2—요사노아키코 1》. 김화영 옮김. 어문학사, 2019.

요사노 아키코의 평론을 모은 책이다.

요사노 아키코. 《헝클어진 머리칼》. 박지영 옮김. 지만지, 2009.

요사노 아키코의 《흐트러진 머리칼》의 단카를 발췌 번역한 것이다.

엄인경·김보경 편역. 《시가로 읽는 간토関東 대지진》. 역락, 2017.

손순옥 옮김. 《아우여 죽지 말고 돌아와 주오—일본 반전시를 보며 평화를 반추하다》. 도서출판 들녘, 2017.

요사노 아키코를 비롯한 일본의 수많은 시가인이 간토 대지진이라는 재난에 관한 시가, 그리고 반전시를 발표하였는데, 현재적 상황과 대비하며 읽어보면 흥미로울 것이다.

실낙원

영문학의 가장 위대한 서사시

장성현

1 밀턴의 생애와 서사시 전통

밀턴은 셰익스피어와 함께 영국 문학의 양대 거봉(巨峯)으로 일컬어져 왔다. 셰익스피어가 〈햄릿〉과 〈리어왕〉 등의 무대상연을 목적으로 한 희곡을 남긴 극작가인 반면, 밀턴은 〈실낙원(Paradise Lost)〉이라는 영국 문학에서 가장 위대한 서사시(epic)로 꼽히는 작품을 남긴 시인이다. 밀턴은 셰익스피어가 죽기 8년 전인 1608년 런던에서 유복한 중산층 가정에서 태어났다. 밀턴의 아버지는 뛰어난 음악적 재능을 가진 교양인이었고 독실한 신교도(프로테스탄트)였다. 이러한 아버지의 영향 아래 밀턴은 어려서부터 방대한 독서를 하며 인문학적 소양을 길렀고, 당시 영국에서 가장 좋은 학교를 다니며 라틴어와 그리스어, 히브리어, 이탈리아어, 프랑스어 등을 익혔다. 아버지에게서 물려받은 프로테스탄트 신앙은 밀턴의 사상과 문학의 중요한 토대가 된다. 10대에 이미 탁월한 시재(詩才)를 드러낸 밀턴은 1625년 열여덟의 나이에 케임브리지대학에 진학하는데, 대학 시절 그는 영국 국교회의 성직자가 되겠다는 애초의 목표를 버리고 시인이 되어 신(神)과 조국인 영국에 영광을 돌리고 모국어인 영어를 드높이겠다는 꿈을 갖게 된다. 이렇게 자신의 시적 재능으로 신과 조국에 봉사하겠다는 밀턴의 결심은 이후 그의 삶과 문학적 여정에 큰 영향을 끼친다.

케임브리지를 졸업한 후 밀턴은 6년간 집에서 자유로이 독서를 하고 1

밀턴의 초상(청년 시절)
(작자 미상, 1629)

년 넘게 유럽을 여행하며 다양한 분야의 지식인들과 교류한다. 사상과 경험의 폭을 넓혔던 이 시기는 밀턴이 위대한 시인으로 성장할 수 있는 자양분을 얻은 시기였다. 밀턴이 유럽에서 돌아오고 얼마 후인 1642년, 영국에선 내전(Civil War)이 발발한다. 청교도혁명이라고도 불리는 이 내전은 당시 국왕이었던 찰스 1세를 지지하는 왕당파와 영국의 프로테스탄트 개혁파인 청교도들과 연합한 의회파 간의 전쟁이었다. 청교도주의의 신봉자였던 밀턴은 의회파를 열렬히 지지했다. 내전이 의회파의 승리로 끝난 후 의회파의 군대를 지휘했던 올리버 크롬웰이 찰스 1세를 처형하고 공화제를 수립, 호국경의 자리에 올라 영국을 통치했던 1658년까지 밀턴은 시작(詩

作)과는 거리를 둔 채 청교도혁명의 대의와 공화제, 시민의 자유를 옹호하는 글들을 많이 썼다. 이들 산문 중 가장 유명한 작품은 1644년에 출간한 《아레오파지티카(Areopagitica)》이다. 오늘날 자유주의 사상의 고전으로 꼽히는 이 글에서 밀턴은 당시의 검열법에 맞서 출판과 표현의 자유를 열렬히 옹호한다. 밀턴은 크롬웰의 공화정부에서 라틴어 비서관에 임명되어 외국에 보내는 외교문서를 작성하는 업무를 하기도 한다. 공화정부의 대변인 역할을 했던 셈이다. 밀턴의 시력은 많은 양의 독서와 집필 작업으로 인해 약해지고 있었는데 1652년경엔 눈이 아예 안 보이게 된다. 그 후 1658년 크롬웰의 죽음과 함께 공화정부는 혼란에 빠지고 2년 후인 1660년 찰스 1세의 아들 찰스 2세가 왕위에 오르면서 왕정이 복고된다. 밀턴은 왕정복고 직전까지도 글을 통해 공화제를 수호할 것을 호소하지만 역사의 흐름을 바꾸지는 못한다. 밀턴은 투옥되고 처형당할 위기에 처한다. 그러나 다행히도 밀턴의 문학적 재능을 흠모하는 지인들의 노력으로 밀턴은 목숨을 구하고 석방된다.

사실 밀턴처럼 자기 시대의 정치적 격변에 깊이 휩쓸렸던 시인은 찾아보기 힘들다. 밀턴의 생애와 그 당시 영국의 역사적 상황을 떼어놓고 생각하기란 불가능하다. 밀턴은 17세기 중반의 정치적·종교적 현안들을 둘러싼 논쟁에 적극적으로 뛰어들어 공화주의와 언론의 자유, 종교적 관용을 옹호했다. 청교도혁명부터 왕정복고까지 거의 20년에 가까운 기간 동안 밀턴은 공적 영역에서 치열하게 투쟁하면서 많은 논쟁적인 산문들을 남겼지만 정작 그가 자신의 소명으로 여겼던 시에는 별로 시간을 쓰지 못했다.

이제 공화제가 무너지고 왕정이 다시 들어서면서 밀턴은 자신이 지난 20여 년 동안 헌신했던 정치적 이상이 완전히 실패로 귀결되는 것을 목도한다. 이로 인한 깊은 절망감에 더해 밀턴은 가난과 질병에 시달리고 있었고 시력도 상실한 상태였다. 바로 이러한 상황에서 밀턴은 〈실낙원〉의 집필에 착수한다. 눈이 보이지 않기 때문에 구술을 통해 집필을 했다. 들라크루아의 그림은 밀턴이 딸들에게 〈실낙원〉을 구술하고 있는 모습을 묘사하고 있다. 인간적으로 가장 힘들고 어려운 상황 속에서 밀턴은 가장 위대한 문학작품을 탄생시킨다.

1667년 처음 간행된 〈실낙원〉은 12편으로 구성된, 총 1만 5백 행에 이르는 장시(長詩)이다. 〈실낙원〉은 영국 문학사에서 가장 탁월한 서사시로 꼽힐 뿐만 아니라 유럽의 서사시 문학에서도 독보적인 위치를 차지하고 있다. 〈실낙원〉을 서사시 전통의 맥락에서 이해하는 것은 이 작품의 독창성을 이해하는 데 꼭 필요하다. 국학자료원에서 펴낸 《문학비평용어사전》(2006)에 따르면 서사시란 "한 민족이나 국가의 운명을 걸머지고 있는 영웅적인 존재를 주인공으로 설정하여 그가 주도하거나 참여한 건국, 전쟁, 혁명, 천재지변 등과 같은 역사적 사건을 장중하고 엄숙한 분위기로 서술하는 시"이다. 기원전 8세기경 그리스의 호메로스가 쓴 〈일리아스〉와 〈오디세이아〉는 최초의 서사시로서 이후 모든 서사시들의 전범(典範)이 되었으며 서양문학 전반에 지대한 영향을 끼쳤다. 1세기 로마시인 베르길리우스의 〈아이네이스〉도 라틴문학을 대표하는 서사시이다. 이들 작품들은 "이야기의 한가운데"를 의미하는 '인 메디아스 레스'(*in medias res*)의 형식으로

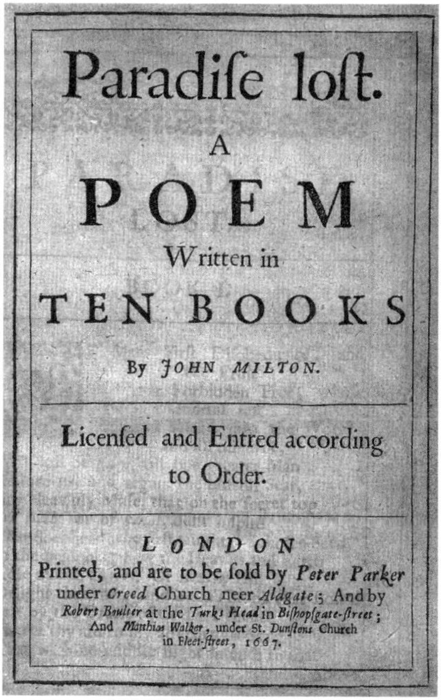

Paradise lost.

A

POEM

Written in

TEN BOOKS

By JOHN MILTON.

Licensed and Entred according to Order.

LONDON

Printed, and are to be sold by Peter Parker under Creed Church neer Aldgate; And by Robert Boulter at the Turks Head in Bishopsgate-street; And Matthias Walker, under St. Dunstons Church in Fleet-street, 1667.

〈실낙원〉 초판본 표지.
1667년 초판본에선 총 10편,
1674년 2판에선 12편으로 재구성

시작한다. 이것은 이야기를 처음부터 시간적 순서대로 서술하는 것이 아니라 중간의 사건부터 시작한 후에 적당한 시점에서 그 사건 이전의 이야기를 회상의 형식으로 전달하는 것을 의미한다. 또 도입부에서 시인은 시 전체의 주제를 진술하고 뮤즈 여신에게 시적 영감을 구한다. 이야기가 본격적으로 시작되고 난 후로는 대규모 전투, 신들의 간섭, 초자연적 현상, 남녀의 연애, (죽은 이들이 간다는) 지하세계로의 여행 등이 전통적 서사시의 플롯에서 공통적으로 찾아볼 수 있는 것들이다.

밀턴은 서사시의 이 같은 전통적 관습들을 어떤 면에선 추종하면서도 다른 어떤 면에선 과감하게 탈피한다. 〈실낙원〉은 구약성경 〈창세기〉 1-3장의 내용을 바탕으로 천지창조 이후 에덴의 낙원에서 살던 최초의 인간 아담과 이브가 하나님이 먹지 말라고 명한 나무의 열매를 뱀으로 변신한 사탄의 유혹에 넘어가 먹고 말아 하나님에게 불순종의 죄를 짓고 낙원을 상실한 이야기를 담고 있다. 밀턴은 1편을 인류에게 낙원의 상실과 함께 죽음과 재앙을 가져온 최초의 불순종과 금단의 열매에 대해 노래하겠다라고 말하며 시작한다. 이렇게 시 전체의 주제를 제시하며 시를 시작하는 것은 전통적 서사시의 관습을 따르는 것이다. 예컨대 호메로스는 〈일리아스〉를 주인공 아킬레우스의 분노에 대해 노래하겠다라며 시작한다. 또 밀턴은 관습대로 뮤즈에게 영감을 호소하는데, 다만 그가 부르는 뮤즈는 그리스 신화의 여신이 아니라 기독교의 성령이다. 밀턴이 '인 메디아스 레스'의 방식을 채택하는 것도 서사시의 전통을 따른 것이다. 1편에는 지옥에 떨어져 혼수상태에 있다 깨어나는 사탄과 그의 추종자들의 모습이 그려진다. 사탄은 본래 하나님을 섬기는 존귀한 천사였으나 하나님에게 반역을 일으키고 천사들 중 추종 세력을 모아 아직 하나님에게 충성하는 다른 천사들과 전쟁을 치른다. 처음에는 두 세력이 대등한 듯했으나, 하나님의 아들, 즉 성자(聖子, 예수 그리스도)의 활약으로 사탄과 그의 무리는 대패해 지옥으로 추락한다. 〈실락원〉의 1-2편에서 정신을 차린 사탄과 부하들은 회의를 열어 앞으로의 일을 모색한다. 1편 이전에 일어났던 일들, 즉 사탄의 반역과 천사들의 전쟁, 천지창조, 인간의 창조 등은 5편 이후에 천사 라파엘이 아담에게 들려준다. 이렇듯 밀턴은 서사시 작법의 기존 공식들을 충실히 따르는 것처럼 보인다. 그러나 보다 중요한 차원에서 밀턴의 서사시는 그 공식들에서 벗어난다. 천사와 사탄의 군대가 우주에서 벌이는 장대한 스케일의 전투는 서사시 장르에 대한 독자들의 일반적인 기대감을 충족시켜 주는 장면이라 할 수 있다. 하지만 〈실낙원〉의 주인공은 이 전투에서 싸우는 천사들이 아니라 아담과 이브라는 부부이다. 아담과 이브는 전쟁터에서 무용(武勇)을 떨치는 전통적 서사시의 남성 영웅과는 성격이 아주 다른 인물들이다. 사실 뱀의 유혹에 굴복해 신의 명령을 어기고 낙원에서 쫓겨난 것은 영웅적 행위와는 거리가 멀다. 그러나 우리는 밀턴이 〈실낙원〉 9편에서 자신이 이 작품에서 노래하고 싶은 것은 (전통적 서사시에서처럼) 전쟁이 아니라 "보다 강한 불굴의 인내와 영웅적 순교"(31-32행)라고 밝힌 것을 기억할 필요가 있다. 밀턴이 〈실낙원〉에서 찬미하고자 하는 것은 뛰어난 전사의 용맹과 지혜, 그가 거둔 군사적 영광이 아니라 인내와 희생이라는 도덕적 가치이다. 밀턴은 이 가치들이 더 숭고한 주제라고 믿는다. 그는 인내와 희생의 가치를 인류의 속죄를 위해 자신을 내어놓는 하나님의 아들 그리스도의 모습을 통해, 또 불순종의 타락 이후 하나님의 섭리를 믿으며 낙원을 떠나는 아담과 이브의 모습을 통해 구현하고자 한다.

2 등장인물
사탄과 하나님

2.1
사탄

〈실낙원〉의 등장인물들을 살펴보며 이 작품에 대한 보다 자세한 소개를 하도록 하겠다. 먼저 살펴볼 인물은 사탄이다. 〈실낙원〉의 주인공은 아담과 이브이지만 지금껏 많은 독자들이 그들의 적이라 할 사탄에게 매료되었다는 사실은 무척 흥미롭다. 실제로 사탄은 히브리어에서 고유명사가 아닌 일반명사로 '적'을 의미한다. 천사 라파엘은 아담과 이브에게 사탄이 하나님에게 반역하기 전의 이름이 루시퍼였다고 알려준다. 루시퍼는 '새벽별'을 의미한다. 사탄으로 타락하기 전의 루시퍼는 어떤 천사보다도 밝게 빛나는 존재였고, 하나님의 총애를 받아 막강한 권력을 휘두르는 천사였다. 라파엘에 따르면 루시퍼는 하나님이 성자를 자신의 오른편에 두고 모든 천사를 다스리는 가장 존귀한 존재로 높이자 자존심에 상처를 입고 성자를 질투하게 되었고, 다른 천사들을 규합해 하나님에게 반역을 일으킨다.

사탄은 〈실낙원〉에서 밀턴이 창조한 인물들 중 가장 복잡하면서도 활동적인 인물, 독자의 기억에 가장 선명히 남는 인물로 꼽힌다. 〈실낙원〉의 클라이맥스인 금단의 열매 따먹기가 지옥을 빠져나와 낙원에 잠입한 사탄의 작업이 성공한 결과임을 볼 때, 사탄은 사실상 〈실낙원〉의 이야기를 진행시키는 존재라고 할 수 있다. 사탄의 캐릭터가 지닌 매력은 1편과 2편에서 주로 드러난다. 1편에서 사탄과 그를 추종한 타락천사들은 하나님의 벼락을 맞고 9일을 밤낮으로 추락한 끝에 지옥의 불타는 호수 위에 정신을 잃고 쓰러져 있다. 의식을 회복한 사탄은 옆에 누워있는 타락천사에게 다음과 같이 말한다(참고로 이 글에선 〈실낙원〉에 등장하는 기독교의 신, 영어로 God이라 표기하는 인물을 밀턴이 개신교도임을 고려해 '하나님'이라 부른다. 〈실낙원〉의 God을 그냥 '신'이라 부르는 건 의미 전달에 문제가 있다는 게 필자의 생각이다).

> 전쟁터에서 패했으면 어떠리?/모든 걸 다 잃진 않았다. 불굴의 의지와/복수심, 불멸의 증오심과/항복하거나 포기하지 않는 용기—/이 밖에 정복될 수 없는 게 또 무엇인가?/이 영광은 그[하나님]의 분노와 힘으로도 결코 내게서/강탈하지 못하리라. 간청의 무릎 꿇고/머리 숙여 은총을 빌며 최근까지 내 팔이 두려워/자기 제국을 잃을까 염려하던/그의 힘을 섬긴다니! 그건 정말 비천한 일,/그건 이 추락보다 못한 치욕이요 수치이다. (1편 105-116행)*

위 대목을 보면 사탄은 마치 자유의 투사처럼 느껴진다. 그는 자신을 하나님이라는 절대군주의 폭정에 항거해 혁명을 일으켰다 실패한 사람, 그

---

* 〈실낙원〉의 모든 본문 인용은 필자가 직접 번역한 것이다.

러나 결코 꺾이지 않는 저항의 의지를 지닌 사람처럼 묘사한다. 이런 사탄의 모습에는 공화제를 끝까지 수호하려다 왕정이 다시 수립되면서 투옥되어 목숨을 잃을 위기에 처한 밀턴의 모습이 어느 정도 겹쳐 보이기도 한다. 밀턴은 찰스 1세의 전제 정치에 반발해 일어난 청교도혁명의 열성적인 지지자였고, 〈아레오파지티카〉를 비롯한 많은 글에서 개인의 자유를 적극 옹호했다. 밀턴은 사탄을 하나님과 인간의 적으로 묘사하면서도 사탄에게 감정이입을 하고 만 것일까? 19세기 초 낭만주의 시대 시인들은 사탄을 넘치는 에너지의 반역자, 〈실낙원〉의 진정한 주인공이자 영웅으로 보기도 했다. 〈실낙원〉의 삽화를 그리기도 한 윌리엄 블레이크라는 시인은 밀턴이 자기도 모르게 사탄의 편을 들었다고 주장하기도 했다. 분명 사탄은 놀라운 활동력과 용기, 저항의 정신을 가진 인물이다. 어느 타락천사도 사탄만큼 매력적이진 못하다. 특히 사탄은 탁월한 웅변술로 부하들의 사기를 드높일 뿐 아니라 자신을 전폭적으로 지지하게 만들고, 9편에 가서는 이브를 유혹하는 데 성공한다. 사탄의 능란한 화술은 그를 강렬한 캐릭터로 만드는 데 큰 몫을 한다. 사탄이 캐릭터로서 갖는 또 하나의 매력은 우리가 그의 감정에 어느 정도 공감할 수 있다는 점에 있다. 사탄은 불멸의 초자연적 존재이지만 천국에서 쫓겨난 후 그가 느끼는 절망과 분노, 후회, 모욕감, 증오심 등의 감정들은 지극히 인간적으로 느껴진다. 사탄은 정말이지 복잡한 심리를 지닌 인물이다. 우리는 그 감정들에 공감하면서 사탄을 동정하게 되기까지 한다. 이런 면에서 사탄은 비극적 영웅의 특성을 띤다고 할 수 있다.

〈반역 천사들을 깨우는 사탄〉
(윌리엄 블레이크, 1808)

사탄과 관련해 살펴볼 개념 중 하나는 지옥이다. 물론 지옥은 〈실낙원〉에서 실재하는 공간이지만 마음상태를 가리키는 것이기도 하다. 사탄은 지옥이 자신의 새 거처임을 받아들이면서 "마음은 그 자신의 장소이니, 스스로 지옥을 천국으로/천국을 지옥으로 만든다"(1편 254-255행)라고 말한다. 이 말은 맞는 말이지만 사탄이 아직 깨닫지 못한 것들이 있다. 그는 천국에서 불행했듯 지옥에서도 불행을 느낀다. 그리고 어디로 가든 사탄은 그 장소를 지옥으로 느끼게 된다. 4편에서 사탄을 가리켜 밀턴은 이렇게 말한다. "지옥을/마음 안과 자신의 주변에 지니고 있어서 장소를 바꾸어도/그는 자신에게서 벗어날 수 없는 것처럼 한 발짝도/지옥에서 벗어날 수가 없었다"(4편 20-23행). 결국 사탄은 "내가 어디로 피하든 지옥, 나 자신이 지옥이다"(4편 75행)라고 인정한다. 이 지점에서 사탄에게 연민을 느끼는 것은 자연스럽다. 그는 무엇을 해도 어디를 가도 지옥에서 결코 벗어날 수가 없다. 에덴의 낙원에 몰래 들어온 사탄이 아담과 이브의 행복한 모습을 엿보고 고통을 느끼며 내지른 말이 "오, 지옥이로다"(4편 358행)이다. 이렇게 사탄은 탈출의 희망 없이 지옥에 갇혀있다.

그러나 사탄이 〈실낙원〉의 후반부에서도 우리의 연민을 자아내는 인물로 그려지는 것은 아니다. 사탄은 후반부로 갈수록 초반의 매력을 잃고 점점 더 비열한 짐승으로 묘사된다. 밀턴은 1권에서 사탄의 풍채를 이렇게 묘사한다. "그는 형체와 몸짓이 다른 이들보다 당당하게 뛰어나,/탑처럼 서 있다"(1편 589-591행). 사탄은 비록 반역에 실패해 지옥으로 떨어졌지만 당당하다. 이때의 사탄은 루시퍼 시절 가졌던 광채와 영광을 아직 다 잃어버리진 않았다. 그러나 4편에서 낙원에 숨어든 사탄이 제폰이라는 천사에게 발각되었을 때, 제폰은 사탄을 이렇게 조롱한다. "너는 지금 네 죄와/어둡고 더러운 형장(刑場)의 모습과 닮았구나"(4편 839-840행). 사탄은 이브의 귓가에 웅크리고 앉아 그녀의 꿈속에 침입할 때에는 흉측한 두꺼비의 형상을 취하며, 금단의 나무 열매를 따먹으라 이브를 유혹할 때에는 땅 위를 기는 뱀으로 변신을 한다. 그리고 유혹이 성공하자 황급히 현장에서 달아나는 사탄의 모습을 밀턴은 이렇게 묘사한다. "죄악의 뱀은 살며시 수풀로 도망쳤다"(9편 784-785행). 낙원을 지키는 천사들에게 들키지 않기 위해 어두운 수풀로 살며시 숨어 들어가는 사탄의 모습은 1편에서 거대한 탑처럼 당당하게 서있던 그의 모습과 선명한 대조를 이룬다.

2.2

하나님

다음으로는 하나님, God의 캐릭터를 살펴보자. 〈실낙원〉의 많은 독자들이 하나님의 캐릭터가 사탄에 비해선 매력이 크게 떨어진다고 말한다. 사탄의 경우 밀턴은 상호모순적인 감정들이 공존하는 그의 복잡한 내면을 독자들에게 드러내고, 독자들은 그런 사탄에게서 인간적인 면모를 느낀다. 그러나 밀턴이 〈실낙원〉에서 묘사하고 있는 하나님은 냉담하고 시무한 인물로 느껴진다. 사실 전지전능하고 영원히 불변하는 기독교의 신을 문학작품에서 한 인물로 재현하겠다는 것 자체가 불가능한 시도일지도 모른다. 밀턴이 다른 인물들과는 달리 하나님을 아주 추상적이고 감각이 부재하는 언어, 달리 표현하면 메마른 느낌의 언어로 묘사하는 것은 이것이 하나님을 언어적으로 재현할 수 있는 유일한 방법이라고 생각했기 때문일 것이다. 예를 들어 6편에서 성자는 하나님을 이렇게 부른다. "오, 아버지, 오, 지극히 높은 천상의 보좌에 앉으신 분/최초, 최고, 지성(至聖), 지선(至善)이신 분"(723-724행). 밀턴은 지옥과 낙원을 묘사할 때에는 풍부한 감각적 이미지들을 창조하지만, 하나님의 묘사에서는 이미지를 최대한 배제한다. 3편에서 하나님이 처음 등장할 때 밀턴은 하나님의 외모에 대한 묘사를 거의 하지 않는다. 가장 높은 곳에 있는 하나님의 보좌와 온 우주를 살피는

눈, 목소리가 언급될 뿐이다(하나님은 아담과 이브, 사탄을 동시에 보고 있다). 6편에서도 아브디엘이라는 천사가 사탄을 추종하길 완강히 거부하자 하나님은 그를 칭찬하는데, 이때에도 하나님의 모습은 보이지 않고 황금빛 구름으로부터 목소리만 흘러나온다(6편 27-28행). 밀턴은 하나님을 〈실낙원〉이라는 이 장엄한 드라마의 한 인물로 등장시키기는 하지만, 하나님에게 신체를 가진 인물의 리얼리티를 부여하진 않는다. 전체적인 인상만이 제시되기 때문에 독자는 하나님의 이미지를 각자의 마음속에서 창조하게 된다.

독자들이 밀턴의 하나님에게 느끼는 비호감은 주로 하나님의 말에서 느껴지는 냉정함에 기인한다. 3편에서 하나님은 낙원으로 날아오고 있는 사탄의 모습을 보면서 인간이 사탄의 그럴싸한 거짓말에 속아 타락할 것이라고 단언한다. 아직 일어나지 않은 일에 대해 하나님이 이렇게 단언하는 것은 그의 속성인 전지(全知)함 때문이지만, 이 장면에서 우리는 하나님이 인간에 무관심하고 잔인하기까지 하다는 인상을 받는다. 하나님은 인간이 타락할 것이라 선언할 뿐 그것을 막기 위해 무언가를 하려고 하진 않는다. 또 하나님은 인간의 타락이 본인의 잘못 때문임을 명백히 한다. 하나님은 이렇게 말한다. "그도 그의 믿음 없는 자손도 타락하리라. 누구의 잘못인가?/그의 잘못이 아니고 누구의 잘못인가? 내 덕에 가질 수/있는 모든 것을 갖고도 이런 배은망덕을 저지르다니"(3편 95-98행). 여기서 약간 화가 나 있는 듯한 하나님은 자신의 창조물이 저지른 잘못에 어떠한 책임도 지지 않겠다 거부하는 것처럼 보인다. 아담과 이브가 결국 금단의 열매를 먹었단 소식이 천국에 전해지자 하나님은 천사들에게 이 타락은 이미 예고된 일이었음을 상기시킨다. 그러고는 다음과 같이 말한다.

> 난 그때 그대들에게 그[사탄]가 승리해서 자신의/사악한 사명을 완수할 것이라 말했다. 인간은 유혹과/아첨에 넘어가 모든 걸 잊고 자신의 창조주를 거역하는/거짓말을 믿어버렸다. 그가 타락하도록/내가 뜻을 정한 바도 없고,/조금이라도 일시적인 충동을 주어 그의 자유의지를/건드리려고도 하지 않았다./난 평형의 상태에서 그가 마음 내키는 대로 기울어지도록 내버려두었다. (10편 40-47행)

쉽게 말하면 이런 의미이다. "거봐, 내가 얘네들 사고칠 거라 말했었지? 난 아무 책임 없어. 자기들 스스로 넘어진 걸 나보고 어쩌라고." 독자의 입장에서는 하나님이 인간의 죄가 자신의 잘못이 아님을 거듭 강조하는 게 지나치게 자기방어적이고 얄밉게 보일 수도 있다. 교회나 성당을 다니질 않아 기독교 교리에 대한 이해가 거의 없는 독자라면 기독교의 하나님에 대해 부정적인 인식을 갖게 될 수도 있겠다. 그러나 우리는 하나님의 이 발언들을 따로 떼어놓고 보기보단 이 말들이 드라마적 상황 속에서 나오고 있음을 고려할 필요가 있다. 이 말들은 하나님의 일방적인 선언으로 제시되기보단 성자와 대화를 나누는 과정에서 나오고 있다. 인간에 대한 냉담할 정도의 무관심이 느껴지는 하나님의 이 발언들이 향하고 있는 결론은 성자가 인간의 죄를 대신 짊어지고 죽임을 당해 하나님의 정의를 충족시켜 주면 하나님은 인간에게 은총을 베풀어 그를 구원하리라는 것이다.

하나님의 냉담한 태도에 성자는 은총과 자비를 호소하면서 자신을 희생제물로 내어놓는다. 이는 성자가 인간이 불순종한 죗값을 대신 치르겠다는 것을 의미한다. 성자는 인간에게 아버지인 하나님보다 더 관대한 태도를 취하고 있다. 그는 죄에는 형벌이 따른다는 하나님의 정의를 훼손시키지 않으면서 하나님이 타락한 인간에게 은총을 베풀 수 있는 방안을 제시한다. 인간은 사탄처럼 자발적이고 고의적으로 하나님에게 반역한 것이 아니라 사탄의 꼬임에 넘어가 죄를 지었기 때문에 하나님의 은총을 구할 수 있다. 밀턴은 하나님과 성자 사이의 일종의 주고받기로도 보이는 이 결론이 도출되는 과정을 두 인물의 대화를 통해 드라마적으로 연출하고 있다. 하나님의 자기방어적 말들은 이 맥락에서 이해할 필요가 있다.

인간의 타락은 전적으로 인간의 잘못이라는 하나님의 주장에서 우리가 또 한 가지 주목해야 할 점은 인간은 자유의지가 있기 때문에 자신이 저지른 죄의 책임을 전적으로 자신이 져야 한다는 생각이다. 하나님은 아담과 이브가 선악을 알게 하는 나무의 열매를 먹어선 안 된다는 유일한 금지조항을 어길 것이라는 사실을 분명히 알고 있다. 마치 우리가 지붕의 처마에 맺힌 물방울이 곧 아래로 떨어질 거라는 것을 아는 것처럼 말이다. 우리가 물방울의 낙하를 막을 수 없듯이 하나님도 아담과 이브가 자유의지로 하는 선택을 막을 수 없다. 하나님은 3편에서 "그들 자신이 그들의 반역을 결정한 거지/내가 아니다. 만일 내가 예지했더라도/그 예지가 그들의 잘못에 영향을 줄 수는 없다./예지를 못 했다 해도 그들은 틀림없이 죄를 지었을 거다"(116-119행)라고 말한다. 하나님이 예지를 했다고 해서 인간의 운명을 예정한 것은, 즉 미리 정한 것은 아니라는 의미이다. 사실 이 개념은 신학적으로 대단히 복잡해 지금까지도 논의가 진행 중인 사안인데 밀턴은 간단명료하게 진술한다. 그는 하나님이 시간을 초월해, 시간 바깥에서 존재한다는 점을 강조한다. 인간은 시간을 어제, 오늘, 내일로 이어지는 단일한 방향의 흐름으로만 경험하지만 하나님은 과거와 현재와 미래를 동시에 보고 있다. 하나님은 아담과 이브가 미래에 저지를 죄를 그들이 과거에 했던 일을 아는 것처럼 알고 있다. 아담과 이브가 이미 한 선택에 대해 하나님이 어찌할 수 없는 것처럼 그들이 앞으로 할 선택에 대해서도 하나님은 간섭을 할 수가 없다.

3 등장인물 아담과 이브

3.1 아담과 이브

다음으로는 〈실낙원〉의 주인공이라 할 아담과 이브를 다루도록 하겠다. 밀턴은 4편에서 아담과 이브를 처음 소개하면서 다음과 같이 그들을 묘사한다.

> 두 사람은 성이 다른 것처럼 동등하지 않아 보였다./그[아담]는 사색과 용기를 위해, 그녀(이브)는 온화함과 달콤하고/매력적인 우아함을 위해, 또 그는 하나님만을 위해,/그녀는 그의 안에 계신 하나님을 위해 지음받았다./그의 훤하고 넓은 이마와 빼어난 눈은/절대적 지배를 표명하고, 히아신스 같은 머리털은/가르마를 탄 앞머리에서 숱도 많게 남자답게 늘어져 있으나/넓은 어깨 밑까지 이르지는 않는다./그녀의 꾸미지 않은 금발은 베일처럼/날씬한 허리까지 헝클어져,/곱슬곱슬한 포도덩굴처럼/제멋대로 물결친다. 이는/복종을 암시하나 관대한 지배가 요구하는 것이고/그녀가 바치는 것이나 그가 아주 소중히/받는 것이니, 그녀는 겸손한 자존심으로,/달콤하면서도 마지못해 다정하게 꾸물거리며/수줍은 순종을 바친다. (4편 295-311행)

이 대목은 아담과 이브의 관계를 파악하는 데 중요하다. 밀턴은 아담과 이브의 성차(性差)를 "넓은 어깨"와 "날씬한 허리" 등 남녀의 일반적인 신체적 차이에 더해 남녀의 머리 길이에 대한 문화적 통념으로 드러낸다. 아담의 머리는 어깨에 닿지 않지만, 이브의 금발은 허리까지 내려온다. 이브의 굽이치는 머리칼을 "제멋대로(wanton)"라고 묘사한 게 흥미로운데, 이 단어엔 "음탕한", "바람난" 등의 성적으로 부정적인 의미도 있어 어떤 독자들은 이브가 사탄의 유혹에 굴복하기 전부터 이미 타락의 징조를 보였다고 주장하기도 한다. "헝클어져(disheveled)"라는 단어 역시 이브의 머리 상태를 묘사하는 것이지만 그녀의 영적 상태를 가리키는 단어로 해석하기도 한다. 헝클어진 영적 상태에 있었기 때문에 사탄의 유혹에 쉽게 넘어갔다는 것이다. 나름 설득력이 있는 해석이기는 하지만 지금 이 대목에서 아담과 이브를 응시하고 있는 인물이 바로 사탄임을 염두에 둘 필요가 있다. 따라서 이 대목에서 "제멋대로"와 "헝클어져"처럼 이브의 타락을 암시하는 듯한 표현은 이브를 보고 있는 사탄 자신의 악한 속성이 반영된 것으로 이해할 수 있다. 또한 형용사 'wanton'에는 "자유분방한", "억제되지 않는" 등의 의미도 있기 때문에 인간이 타락과 함께 죄의 굴레를 쓰기 전의 낙원에서 누리던 참된 자유를 가리키는 표현으로도 볼 수 있다.

이 대목의 시작 부분에서 밀턴은 아담과 이브가 평등하지 않은 상하 관계에 있음을 분명히 한다. 이 점은 그들과 하나님의 관계에서도 드러난다. 밀턴은 "그는 하나님만을 위해, 그녀는 그의 안에 계신 하나님을 위해 지음받았다"라고 말한다. 하나님이 흙을 빚어 창조한 아담은 하나님과 직접 소통하지만, 아담의 갈비뼈로부터 창조된 이브는 아담을 매개자로 하여 하나님과 관계를 갖는다. 그래서 아담은 하나님만을 섬기지만, 이브는 하나님과 아담 둘 다 섬겨야 한다. 그러나 이 대목 전체에서 밀턴이 힘써 강조하는 것은 두 사람의 불평등이 아니라 상호 의존적 관계이다. 밀턴은 아담의 훤한 이마와 앞가르마를 탄 짧은 머리, 넓은 어깨, 또 이브의 치렁치렁한 긴 머리와 날씬한 허리 등 두 사람의 신체가 보이는 차이를 묘사하면서 두 사람을 내면적 자질에서도 대조하고 있다. 아담은 논리적 사색 능력과 용기를 지닌 반면, 이브는 상냥한 태도와 우아한 품위를 갖추었다. 주목할 점은 밀턴이 아담과 이브의 차이점을 열거하면서 병렬 구조의 문장들을 쓰고 있다는 사실이다. 아담을 묘사한 다음에는 동일한 문법적 구조로 이브를 묘사한다. 이브가 열등한 존재라고 해서 묘사의 분량이나 이미지의 풍성함이 아담보다 결코 덜하지 않다. 오히려 이브의 머리는 아담의 머리보다 더 길고 자세하게 묘사하고 있다. 밀턴은 아담과 이브의 위계질서를 상정하면서도 두 사람의 외모와 자질을 균형 있게 묘사하여 둘이 상호 보완적 관계임을 강조하고 있다. 두 사람이 그만큼 서로 다르기 때문에 서로의 부족한 점을 채워줄 수 있는 것이다. 밀턴에 따르면 아담의 이마와 눈에서 그가 이브에게 절대적 지배권을 행사하고 있음을 알 수 있고, 이브는 아담의 지배를 "수줍은 순종"으로 받아들인다. 그러나 이 순종이 단순한 상하 관계에서 이루어지는 것이 아님은 영어 원문에서 "수줍은 순종" 바로 다음에 "겸손한 자존심"이 나오고 아담이 이브의 순종을 아주 소중히 받았다는 점에서 드러난다. 이브가 자신을 낮추어 아담에게 순종하지만 자존심을 버린 것은 아니며, 아담의 입장에서도 이 순종이 아랫사람에게 당연히 받아야 할 것이라면 소중한 마음으로 받지는 않을 것이다. 또한 밀턴이 포도덩굴처럼 곱슬곱슬한 이브의 머리 모양이 "복종"에 대한 암시라고 표현한 점도 흥미롭다. 원문을 보면 이브의 머리를 묘사하는 4행 길이 문장의 마지막에 "이는/복종을 암시했다(which implied Subjection)"가 붙어 있다. 이브의 복종이 그저 머리 모양에 달려있는 문제가 되어 그 중요성이 축소되었다는 인상이 들고, 복종이 암시가 될 뿐 명백히 드러나는 것은 아니라는 점에서 아담과 이브의 관계를 단순히 지배와 복종의 관계로 이해해선 안 된다는 점을 알 수 있다. 그들의 관계는 상호적 성격을 띠고 있다.

상대의 필요를 채워주는 관계이고, 상대와 연합할 때 완전해진다는 점에서 이상적인 부부이다. 위 대목 조금 아래에서 함께 손을 맞잡고 걸어가는 아담과 이브를 가리켜 밀턴은 "가장 아름다운 부부"라고 부른다.

아담과 이브는 금단의 나무 열매를 먹지 말라는 하나님의 명령에 불복종해 타락함으로써 아름다운 부부관계까지 오염시키고 만다. 성자는 이브에게 타락의 결과로 출산의 고통을 겪을 것이라 말하고, 또 다음과 같은 벌을 선고한다. "남편의 뜻에/네 뜻을 복종시키고, 그는 너를 다스릴 것이다"(10편 195-196행). 즉 억압적인 가부장제는 타락 이후의 현상인 것이다. 밀턴은 아내가 남편에게 굴종하는 것을 결코 바람직한 결혼생활의 모습으로 보지 않는다. 타락 이전의 상호 보완적인 아름다운 부부관계는 타락 이후엔 남편의 억압과 지배라는 파괴적 요소를 갖게 된다.

타락 이전의 아담과 이브의 관계에서 밀턴이 꿈꾸는 이상세계가 어떠한 세계인지 드러난다. 밀턴은 모든 사람이 완전히 평등한 세상을 염원하진 않는다. 그가 바라는 세상은 권위에 의한 질서와 복종이 있는 세상이다. 이 점은 밀턴이 영국의 군주제를 신랄하게 비판한 공화주의자였음을 생각할 때 다소 의외로 다가올 수 있다. 영국에선 16세기 말 엘리자베스 1세 여왕이 절대군주로서 무소불위의 권력을 휘둘렀다. 밀턴은 그러한 절대적 권위에 복종하기를 주장하는 것이 결코 아니다. 그가 이상적으로 생각하는 권위는 이브에 대한 아담의 권위처럼 "완내안" 권위이다. 그리고 이 권위에의 복종은 이브의 복종처럼 자발적인 것이어야 하고, 또 아담이 이브의 복종을 소중히 받았듯 윗사람은 이 복종을 귀하게 여기고 아랫사람을 존중해야 한다. 〈실낙원〉에서 이 같은 성격의 복종을 행하는 인물이 또 있다. 바로 성자이다. 성자는 자발적으로 아버지 하나님의 권위에 복종하고, 하나님은 성자의 복종을 큰 기쁨으로 받는다. 그래서 에덴의 낙원에서도, 천상에서도, 권위는 결코 억압과 착취로 이어지지 않고, 복종 역시 수치와 굴욕을 수반하지 않는다. 이러한 권위와 복종이 인간관계의 핵심으로 작용하는 사회가 밀턴이 염원하는 이상적 사회이다.

거듭 말하지만 아담과 이브는 현대적 젠더 관념에서 평등한 관계는 분명 아니다. 이브는 아담을 "나의 안내자요/머리", 또 "나의 창조자이자 감독자"라고 부른다(4편 442-4443, 635행). 이런 표현들은 거의 자기비하에 가깝게 들린다. 게다가 아담은 창조될 때 하늘을 바라본 반면, 이브는 깨어나서 물에 비친 자신의 모습을 한참 응시한다. 이 차이는 아담과 이브가 하나님 앞에서 동등한 지위를 갖고 있지 않다는 점을 시사한다. 그러나 두 사람은 평등하지는 않지만 서로 사랑하고 존중하고 의지하는 관계이다. 아담은 8편에서 자신과 이브 사이의 깊은 유대감에 대해 얘기하면서 자신과 이브는 "한 몸, 한 마음, 한 영혼"이라고 말한다(499행). 구약성경 〈창세기〉 2장에 남녀가 결혼하면 한 몸을 이루는 거라는 구절이 있는데, 아담은 여기에 "한 마음, 한 영혼"을 덧붙여 인생의 동반자인 이브에 대한 진한 애정을 표현한다. 또한 이브가 창조되기 전 아담은 고독을 느끼고 하나님에게 인간 배우자를 줄 것을 구한다. 그는 이 배우자가 자신과 동등한 존재여야 한다고 믿고 있는데 그 이유를 이렇게 설명한다. "동등치 않은 것들 사이에/무슨 교제, 무슨 조화나 참된 기쁨이/있겠습니까? 교제는 상호 간 적절히 균형을 맞춰/주고받는 것인데"(8편 383-386행).

앞에서 인용한 긴 대목을 보면 밀턴은 아담이 이브보다 지적 능력이 우수하다고 전제하는 것 같다. 이를 뒷받침하듯 이브는 아담에게 우주의 본질에 대해 설명해 달라고 요청하기도 하고, 천사 라파엘이 그들을 찾아왔을 때 아담은 이브를 저녁식사 준비를 하라며 내보낸다. 마치 이브는 천사의 고담준론(高談峻論)을 이해할 수 없을 거라고 생각하는 것처럼 말이다. 그러나 〈실낙원〉의 다른 대목들에서 밀턴은 이브에게 아담과 거의 대등한 수준의 지적 능력과 이해력을 부여하고 있다. 아담과 이브는 보통 낙원의 나무와 풀, 꽃 등을 함께 손질하면서 하루를 보내는데 타락이 일어나는 날 아침에는 이브가 아담에게 그날은 각기 다른 장소에서 따로 떨어져 일을 하자고 제안한다. 어쩔 때는 분업이 더 효율적이라고 주장한 것이다. 아담은 이미 사탄의 침입을 경고받았던 터라 이브의 제안을 반대하지만 이브는 여러 이유를 들어 결국 자기 뜻을 관철시킨다. 비록 타락이라는 엄청난 결과로 이어지긴 했으나 이브에게도 자기 나름의 논리를 만들어 상대를 설득할 수 있는 능력이 있음을 보여주는 장면이다. 또 밀턴은 라파엘이 아담과 천문학과 관련해 대화를 주고받을 때 이브가 일부러 자리를 비켜준 것은 그런 얘기가 재미있지 않거나 들어도 이해를 못 하기 때문이 아니었다고 말한다(8편 48-50행). 이브가 라파엘의 얘기를 이해할 수 있는 지성을 갖추었다는 의미이다. 이브가 아담과 라파엘의 대화에 끼지 않은 것은 그녀 혼자 아담의 얘기를 듣는 기쁨을 누리기 위해서였다. 실제로 아담은 라파엘이 떠난 후 천사가 해준 얘기를 남김없이 이브에게 들려준다. 이브는 같은 얘기라도 천사보다 남편에게서 듣는 편이 더 좋았던 것이다.

타락 이후 이브는 아담보다 더 이성적이고 침착한 모습을 보인다. 이브는 아담의 분노를 가라앉히고 그가 절망에서 헤어 나오도록 돕는다. 위기에 처한 결혼을 구하는 사람은 아담이 아니라 이브이다. 또 이브는 아담보다 먼저 자신의 잘못을 인정하고 하나님에게 자신만 처벌해 달라고 간청한다. 이브는 자신만이 하나님이 지당하게 분노를 터뜨릴 대상이라고 고백한다(10편 936행). 이러한 이브의 자기희생적 모습은 아담의 마음속에 연민을 불러일으키고 부부관계를 회복시킨다.

우리가 이브에 대해 또 한 가지 생각할 것은 그녀의 육체적 아름다움이 가진 힘이다. 아담은 첫눈에 그녀의 아름다움에 반하는데, 흥미로운 것은 사탄조차도 가까이서 보는 그녀의 아름다움에 넋을 잃고 만다는 것이다. "그녀[이브]의 모든 자태나/사소한 동작이 그[사탄]의 악의를 짓누르고/달콤한 황홀로 그의 흉포함에서 그 악의가 가져온/흉포한 의도를 빼앗는다"(9편 459-462행). 쉽게 말해 이브의 아름다운 몸을 보며 사탄이 황홀감에 빠져든 나머지 이브를 파멸시키겠다는 애초의 악한 생각마저 잊게 되었다는 것이다. 이 다음 행에서 사탄은 이브의 미모 때문에 정신이 멍한 상태가 되어 모든 증오와 복수심을 잊고 잠시 동안이지만 자신의 악에서 떠나있었다고 묘사된다. 이브의 아름다운 외모는 같은 인간인 아담을 사로잡는 것은 물론 초자연적 존재인 사탄까지 황홀감에 젖게 하고, 더 나아가 사탄의 악한 본성을 억누르는 놀라운 힘을 갖고 있다. 사탄의 경우가 이러했으니 보통 인간이 이브의 아름다움을 보게 되면 스스로 모든 악한 생각을 버리고 선으로 돌아갈 것이다. 밀턴이 이브의 미모에 이 정도의 힘을 부여한 것은 무척이나 흥미롭다. 남녀는 평등하단 생각이 일반화되기 이전의 시대에서 〈실낙원〉을 읽었던 독자들은 이브가 주는 강렬한 인상과 그 캐릭터의 복잡성에 놀랐을 것이다. 밀턴은 이브에게 성경의 〈창세기〉에 기록된 것보다 더 많은 자질과 더 중요한 역할을 부여하고 있다. 우리가 〈실낙원〉을 읽으며 아담보다는 이브에게 더 큰 관심을 갖게 되는 것은 당연하다.

아담과 이브는 타락 이후에도 겉보기엔 그 이전과 크게 다르지 않은 삶을 이어간다. 타락 이전에 하던 노동을 이후에도 한다. 그러나 노동의 성격이 바뀌었다. 타락 이전엔 낙원의 꽃과 식물을 가꾸고 키우는 게 즐거운 일이었다. 결과에 대해 근심할 필요가 없고 굳이 고되게 할 필요도 없는 노동이었다. 노동으로 인해 낙원의 삶이 지루하지 않았다. 그러나 타락 이후의 노동은 근심과 고통을 가져온다. 성자는 타락 직후 아담과 이브에게 이렇게 말한다. "땅은 너로 인해 저주를 받으리라. 너는/사는 날 동안 슬픔 속에서/땅에서 나는 것을 먹을 것이다./땅은 제 스스로 가시와 엉겅퀴를 너에게 낼 터이고,/너는 들에서 나는 식물을 먹을 것이다./넌 얼굴에 땀을 흘리며 빵을 먹을 것이다"(10편 201-205행). 타락 이전엔 먹을 걸 얻기 위해 토지의 상태와 엉겅퀴, 가시를 걱정할 필요가 없었다. 두 사람의 성관계의 성격 역시 타락 이후 달라진다. 밀턴은 타락 이전에 아담과 이브가 성관계를 가졌고, 그때의 성관계는 죄와 육욕(肉慾)이 없는 순수한 것이었다고 믿는다. 그러나 타락과 함께 부부의 성관계도 오염된다. 금단의 열매를 먹은 직후 두 사람은 상대를 음탕한 눈으로 바라보고, 성욕에 불타오른다. 성관계 이후 새로운 활력을 느끼기보단 죄책감과 피로를 느낀다. 또 타락 이전의 아담과 이브는 완전히 벌거벗은 채로 있었으나 부끄러움을 느끼지 않았다. 그러나 타락 이후엔 자신이 나체인 것에 수치를 느끼고, 이를 불쌍히 여긴 성자가 옷을 해 입힌다.

이렇게 타락 이후 아담과 이브의 삶은 모든 영역에서 부패하고 불행한 모습을 띠게 된다. 그들의 타락으로 죄와 죽음이 이 세상에 들어온다. 타락하지 않았다면 아담과 이브는 영원한 삶을 낙원에서 누렸을 것이다. 밀턴은 그들의 타락이 자유의지에 따른 선택의 결과였음을 분명히 한다. 그러나 뉘우침을 모르는 사탄과 달리 아담과 이브는 눈물로 회개하며 하나님의 자비와 용서를 구하고, 메시아(성자)를 통한 낙원의 회복과 인류 구원의 약속을 받는다. 그래서 그들은 평온한 마음으로 낙원을 나올 수 있었다. 〈실낙원〉은 손을 마주잡고 낙원을 나와 새로운 땅으로 향하는 두 사람의 모습으로 끝을 맺는다. "온 세계가 그들 앞에 펼쳐져 있었으니, 안식처를 어디로 정할지는 섭리가 인도해 주실 일. 그들은 손을 잡고 느린 걸음으로 헤매며 에덴을 통과하여 적막한 길로 떠났다"(12편 646-649행).

4 〈실낙원〉의 현재와 의미

〈실낙원〉은 영국뿐 아니라 영어권 문학의 가장 위대한 서사시로 평가받고 있고, 지금도 많은 독자와 비평가들 사이에서 논의가 활발하게 진행 중인 작품이다. 〈실낙원〉에 대한 비평가들의 해석을 살펴보면 그 다양성에 우선 놀라게 된다. 밀턴 연구가 영문학 비평에서 셰익스피어 연구와 함께 양대 산맥을 형성하고 있는 이유는 〈실낙원〉을 비롯한 그의 작품들이 그만큼 광범위한 비평적 접근들을 가능케 하기 때문이다. 예를 들어 문학과 자연환경의 관계를 연구하는 생태주의 비평가는 밀턴이 〈실낙원〉에서 낙원의 자연을 어떻게 묘사하는지에 깊은 관심을 가질 수 있다. 이 비평가는 낙원의 묘사에서 드러난 밀턴의 자연관에서 현대 사회의 환경문제와 지구의 지속가능성의 위기를 해결하는 데 필요한 통찰력을 얻을 수 있다. 이 비평가가 보기에 밀턴은 시대를 앞서간 생태주의적 감수성을 지녔던 작가일 것이다. 생태주의 비평 말고도 현재 밀턴 연구는 거의 모든 비평이론과 방법론을 망라하고 있다. 일부만 꼽아봐도 페미니즘, 정신분석학, 마르크시즘, 포스트모더니즘, 탈식민주의, 퀴어이론 등이 있다. 특히 〈실낙원〉은 실로 다양한 비평이론들의 경연장이라 할 수 있다.

〈실낙원〉은 비평적 접근의 스펙트럼이 아주 넓기도 하지만 지리적으로도 다양한 언어권과 국적의 학자들에 의해 연구가 진행되고 있다. 〈실낙원〉의 연구와 강의는 영어권국가 학자들만 하는 것이 아니다. 〈실낙원〉은 지금까지 25개 이상의 언어로 번역되었고, 우리나라에서도 7종 이상의 번역본이 출간되었다. 우리나라 주요 대학의 영어영문학과 학부와 대학원 강의에서 〈실낙원〉은 그 일부라도 필수로 읽는 작품이다. 고려대학교 영어영문학과 대학원에선 밀턴이라는 제목의 세미나를 따로 개설해 〈실낙원〉을 포함한 밀턴의 주요 시와 산문을 심도 있게 가르치고 있다.

〈실낙원〉에 매료가 된 건 비평가들만이 아니다. 많은 작가와 예술가들이 〈실낙원〉에서 깊은 영감을 받았다. 한 예로 소설 〈프랑켄슈타인(Frankenstein)〉(1818)의 저자로 잘 알려진 메리 셸리는 소설의 주요 모티프를 〈실낙원〉의 영향을 받아 창조했다. 메리는 〈실낙원〉에서 아담이 타락 이후 하나님을 원망하며 하는 말, "창조주여, 제가 당신께 진흙에서 절 인간으로 빚어달라고 부탁했습니까?"(10편 743-744행)를 〈프랑켄슈타인〉의 첫 장에 실었다. 이 말은 소설에서 괴물이 자신을 창조한 프랑켄슈타인 박사를 원망하는 장면을 연상시킨다. 〈실낙원〉은 괴물이 탐독하는 몇 권의 문학작품 중 한 권이기도 하다. 괴물은 자신의 처지가 사탄과 비슷하다고 여긴다. 괴물이 물에 비친 자신의 모습을 보며 그 흉측함에 놀라는 모습은 처음 깨어난 이브가 물에 비친 자신의 얼굴을 응시하는 장면을 생각나게 한다. 〈프랑켄슈타인〉의 핵심 주제 중 하나로 창조주와 창조물의 관계를 들 수 있는데, 이 주제는 밀턴이 〈실낙원〉 전체에서 다루고 있는 주제라 할 수 있다.

이 밖에도 윌리엄 골딩의 소설 〈파리 대왕(Lord of the Flies)〉(1954)도 〈실낙원〉의 영향이 보이는 작품이다. 주제가 순수와 타락이란 점이 그러하고, 소설의 제목인 파리들의 왕은 사탄의 부하들 중 가장 힘이 센 악마인 베엘제붑을 가리키는 표현이다. 베엘제붑은 히브리어로 파리들의 왕을 의미한다.

〈실낙원〉은 예술가들에게도 많은 영감을 주었는데 하이든의 오라토리오 〈천지창조〉는 〈실낙원〉을 각색한 것에 하이든이 곡을 붙인 것이다. 화가 윌리엄 블레이크와 구스타프 도레는 〈실낙원〉의 삽화를 그렸다. 이들의 삽화는 예술적 가치가 높을뿐더러 〈실낙원〉에 대한 화가 자신의 시각적 해석이란 점에서 독자들에게 〈실낙원〉을 이해하는 데 도움을 준다. 또한 닐 게이먼과 마이크 캐리의 그래픽 노블에서도 〈실낙원〉의 영향을 찾을 수 있다. 파블로 아울라델이란 작가는 〈실낙원〉의 내용을 2017년 〈존 밀턴의 실낙원〉이라는 제목의 그래픽 노블로 재구성하기도 했다.

이렇게 〈실낙원〉은 350여 년 전의 작품임에도 불구하고 여전히 많은 독자와 예술가들의 상상력을 사로잡고 있고, 계속해서 새로운 비평적 접근들이 나오면서 작품의 해석을 풍부하게 만들고 있다. 물론 〈실낙원〉은 현대의 독자가 영어 원문으로 읽든 번역으로 읽든 쉽고 재미있게 읽을 수 있는 작품은 아니다. 그러나 필자가 보기에 우리가 〈실낙원〉을 읽는 수고를 함으로써 얻게 되는 가장 큰 수확은 〈실낙원〉의 창작에 기여한 서양 문학의 여러 전통들에 대해 깊은 이해와 지식을 쌓게 된다는 점에 있다. 〈실낙원〉의 스토리는 구약성경의 첫 권 〈창세기〉의 1, 2, 3장에 기반을 둔다. 그러나 밀턴은 〈실낙원〉 전체에서 구약과 신약의 많은 구절들을 인유하고 있고, 하나님의 예지(즉 미리 아는 것)와 인간의 자유의지의 관계 등 밀턴의 시대뿐 아니라 오늘날의 기독교 신학자들도 첨예한 논쟁을 벌이고 있는 문제들을 작품 안에서 다루고 있다. 〈실낙원〉을 읽으며 우리는 서양 문명의 원류를 형성하는 텍스트라 할 성경을 깊이 알고 기독교의 핵심사상인 죄와 구원의 의미를 이해하게 된다. 성경과 기독교 사상의 기본을 아는 것은 서양의 다른 문학작품을 읽을 때뿐만 아니라 서양 문명 전반을 이해하는 데도 큰 도움이 된다.

독자는 〈실낙원〉을 읽으며 성경뿐 아니라 그리스와 로마의 고전문학과 신화에 대한 지식도 쌓을 수 있다. 앞서 설명했듯 〈실낙원〉은 호메로스의 〈일리아스〉와 〈오디세이아〉, 베르길리우스의 〈아이네이스〉 등 그리스 로마의 서사시 문학 전통을 잇고 있다. 밀턴이 이들 서사시 작법의 많은 관습들을 채택하고 있기 때문에 우리는 〈실낙원〉을 통해 서양 문학의 형성에 심대한 영향을 끼친 고전서사시의 특징들을 이해할 수 있다. 호메로스와 베르길리우스를 직접 읽어보고 싶은 마음이 든다면 〈실낙원〉을 읽은 보람이 더욱 클 것이다. 그리스 로마의 고전 서사시에 더해 〈실낙원〉은 그리스 로마 신화에 대한 수많은 인유를 담고 있다. 예를 들면 9편에서 아담을 떠나 홀로 일하러 가는 이브의 모습을 밀턴은 다음과 같이 묘사한다. "이렇게 단장한 그녀는 팔레스나 포모나/(베르툼누스를 피했을 때의 포모나) 또는/주피터에 의해 프로세르피나를 낳기 전의/무르익은 처녀 케레스와 같았다"(9편 393-396행). 팔레스는 로마신화에 나오는 가축과 목동의 여신, 포모나는 과실나무의 여신, 베르툼누스는 포모나를 사랑한 계절과 정원의 신, 프로세르피나는 지하세계의 왕 플루토의 아내이고 그리스신화에선 페르세포네와 동일인물, 농업의 여신 케레스는 그리스신화에선 데메테르라 불리기도 하는 프로세르피나의 어머니이다. 이 인물들에 얽힌 신화를 아는 것은 〈실낙원〉의 이 대목에 숨겨진 밀턴의 의도를 이해하는 데 필수적이다. 밀턴은 아담과 떨어져 혼자 있는 이브를 베르툼누스에게서 도망친 포모나에 비유한다. 신화에서 포모나는 베르툼누스의 구애를 여러 번 거절하지만 결국 할머니로 가장해 접근한 베르툼누스의 유혹에 넘어가고 만다. 밀턴이 여기서 포모나와 베르툼누스를 언급한 것은 이브 역시 뱀으로 가장한 사탄의 유혹에 넘어가리라는 것을 암시하기 위해서이다. 또 케레스의 딸 프로세르피나는 플루토에게 납치를 당해 지하세계의 여왕이 되는데, 이브가 사탄에게 납치를 당하는 건 아니지만 타락으로 인해 창조될 때의 순수함을 잃어버린다는 점에서 프로세르피나와 이브는 연결되는 점이 있다. 그리고 케레스가 딸을 잃고 크게 슬퍼하자 주피터(제우스)의 중재로 프로세르피나가 1년의 반은 지상에서 어머니 케레스와 지내게 되는 것 역시 이브가 타락 이후 구원의 약속을 받는 것과 연결이 된다. 이렇게 우리는 〈실낙원〉을 읽으며 그리스 로마 신화에 대한 풍부한 지식을 얻을 수 있다. 결과적으로 우리는 〈실낙원〉을 안내자로 삼아 서양 문명의 기초를 이루는 두 개의 텍스트 성경과 그리스 로마 신화를 깊이 알게 된다. 이 지식은 과거의 서양 문명을 이해하는 데 필수적일 뿐만 아니라 현재 우리가 서양의 문화와 예술을 창조적으로 수용하는 작업에서도 꼭 필요하다.

마지막으로 정리하자면 〈실낙원〉은 고대 그리스 시대부터 서양 문명을 관통해 온 지적 전통의 여러 흐름들이 밀턴의 탁월한 상상력 속에서 한데 어우러지면서 탄생한 세계문학의 보고(寶庫)이다. 〈실낙원〉을 읽음으로써 이러한 지적 흐름들이 우리의 정신을 흐르며 적시게 한다면, 인간과 세계 전체를 통찰하는 눈을 갖게 되리라 믿는다.

더 읽어보기

Teskey, Gordon, ed. *Paradise Lost: Authoritative Text, Sources, and Backgrounds Criticism*. Norton Critical Edition. W. W. Norton & Company, 2005.

〈실낙원〉의 영어 원서이다. 원본의 17세기 영어 철자를 현대의 철자로 바꾸었고, 본문 바로 밑에 해설이 있어 읽기 편하다. 〈실낙원〉에 대한 주요 비평도 함께 실려 있어 유용하다.

존 밀턴. 《실낙원》. 전 2권. 조신권 옮김. 문학동네, 2010.

〈실낙원〉을 원문 그대로 운문으로 꼼꼼히 옮긴 번역이다. 각주 해설이 본문 바로 밑에 위치해 읽기 편하다. 번역자는 밀턴 연구에 평생을 바친 연구자이다.

존 밀턴. 《실낙원》. 박문재 옮김. CH 북스, 2019.

19세기 중엽 프랑스의 삽화가 귀스타브 도레와 19세기 초 영국의 시인이자 화가였던 윌리엄 블레이크의 삽화를 삽입했다. 독자가 보다 쉽게 작품을 이해하도록 산문으로 번역했다.

존 밀턴. 《복낙원》. 조신권 옮김. 문학동네, 2010.

아담이 불순종으로 상실한 낙원을 두 번째 아담으로 불리는 그리스도가 인류에게 회복시켜 주는 과정을 그린 이 책은 〈실낙원〉의 후속편이라 할 만하다. 희극적 결말을 가졌다는 점에서도 〈실낙원〉과 대칭을 이룬다.

존 밀턴. 《아레오파기티카—언론자유의 경전》. 박상익 옮김. 인간사랑, 2016.

언론과 출판의 자유를 주장한 밀턴의 대표적인 산문이다. 서구의 사상사에서 지금까지도 중요한 가치를 인정받고 있는 고전이다.

병자일기

여성이 쓴 최초의 한글 일기

정우봉

1 《병자일기》, 조애중이 쓴 한글 일기

조애중(曺愛重). 이 이름을 알고 있는 사람은 많지 않을 듯하다. 조애중은 현재 전하는 한글 일기 가운데 저자가 분명한 최초의 작품인 《병자일기(丙子日記)》를 쓴 남평 조씨(南平曺氏, 1574-1645)이다. 본관과 성씨만 전해졌던 다른 여성들과 달리 조애중은 그 이름까지 함께 전해진다.

조선은 기록의 나라였다. 세계기록문화유산으로 등재된 한국의 기록물 중에는 《조선왕조실록》, 《승정원일기》, 《일성록》처럼 편찬의 형식으로 작성된 방대한 분량의 일기도 있고, 우리가 잘 알고 있는 이순신의 《난중일기》도 들어있다. 최근에 등재된 조선 통신사에 관한 기록 또한 일기가 많은 비중을 차지하고 있다. 이처럼 조선 시대 때에 전하는 유산 중에는 관에서 작성한 일기 자료가 풍성할 뿐만 아니라 각 개인이 자신의 삶을 기록한 일기 또한 매우 다양하게 전해오고 있다.

조애중이 우리에게 특별한 의미를 갖는 것은 한글로 기록한 《병자일기》 때문이다. 《병자일기》는 병자호란이 일어났던 1636년 12월 5일 작자와 일행이 피란길에 오르면서부터 시작한다. 그 후 1640년 8월까지 매일의 일상이 빼곡하게 채워져 있다. 이때 조애중은 63세부터 67세에 이르는 노년의 나이였다. 일기를 통해 병자호란의 와중에 겪은 피란생활, 세자를 따라 심양으로 잡혀간 남편을 기다리며 가솔들을 이끌고 농사를 짓고 집안을

《병자일기》 표지(한글 필사본, 국립공주박물관 소장)

이끄는 대갓집 안주인으로서의 모습, 일찍 죽은 자식들을 향한 그리움과 심양에 억류되어 있던 남편의 귀향에 대한 간절한 바람 등을 표현하고 있다. 특히 친아들과 며느리의 죽음에서부터 가족, 친척 및 노비 등에 이르기까지 인간의 죽음과 부재에서 오는 충격과 슬픔을 일기 곳곳에서 진솔하게 토로하였다.

2 조선은 기록의 나라

조선은 기록의 나라이다. 수많은 기록들이 조선 시대 때에 산출되어서 현재까지 전해지고 있다. 가장 대표적인 것은《조선왕조실록》과《승정원일기》이다. 모두 세계기록유산의 하나이며, 분량이 방대하다.《조선왕조실록》의 원문 글자수는 5천만 자이며,《승정원일기》의 글자수는 2억 4천만 자에 달한다.《승정원일기》는 워낙 분량이 방대해서 1994년부터 번역을 시작했는데 아직 절반도 미치지 못하였으며, 최근에 와서는 AI 기술을 활용한 번역을 시도하고 있다.《조선왕조실록》과《승정원일기》는 관찬의 형식으로 작성된 일기인데, 그 밖에도 개인이 쓴 많은 일기들이 풍부하게 전해지고 있다. 그 가운데 중국을 여행하고 쓴 연행록이 약 600여 종 전하고 있다. 한양에서부터 중국 북경으로 오가는 노정을 따라 수많은 사신들이 일년에 몇 차례씩 오고 갔다. 500년 동안 같은 경로를 따라 많은 사신들이 왕래하면서 이처럼 많은 종류의 여행기를 남긴 것은 세계사적으로도 유례가 없는 일이다. 최근에 세계기록유산으로 등재된 조선통신사 기록물에는 일본을 여행한 일기가 중요한 비중을 차지하고 있다. 이러한 사례를 통해 조선이 얼마만큼 기록을 중시했는지를 잘 알 수 있다.

여기서 살필《병자일기》와 관련해서 조선 시대 일기는 얼마나 전하고 있는가? 정확한 숫자를 말하기는 어렵지만 최소 1,000여 종 이상 전해오고 있다. 이들 일기를 주제별로 나누어 살펴보면 가장 많이 다루고 있는 것이 관료 생활에 대해 기록한 일기이며, 금강산 등을 여행하면서 기록한 기행일기 또한 상당한 작품이 전한다. 여기에는 중국이나 일본의 사신으로 파견되었을 때의 경험을 다룬 일기도 포함된다. 또 하나 많은 비중을 차지하고 있는 것이 전란일기이다. 우리나라의 경우 임진왜란이나 병자호란을 다룬 일기가 상당히 많다. 여기서 살필 남평 조씨의《병자일기》또한 병자호란을 배경으로 하고 있다.

조선 시대의 일기 중에서 특이한 몇 가지를 소개하면 19세기 관료 문인이었던 정원용이 과거 급제 이후 죽을 때까지 70여 년에 걸쳐 자신의 삶을 기록한《경산일록》이 흥미로운 자료의 하나이다. 한 집안에서 4대가 대를 이어 쓴《예천 맛질 박씨가 일기》도 있다. 이 일기는 1834년부터 115년간 4대에 걸쳐 쓰인 일종의 가족 일기이다.

조선 시대 일기들은 대부분 한문으로 기록되어 있고, 한글로 쓴 것은 극히 일부에 불과하다. 의유당 남씨가 쓴《관북유람일기》가 대표적인 한글 여행일기이다. 여성이 자신의 생활을 기록한 것은 더욱 드문데, 남평 조씨의《병자일기》는 한글 일기 중에서 여성이 자신의 생활을 상세하게 기록하였으며, 시기적으로 앞선 작품이라는 점에서도 중요한 가치를 지닌다.

3 《병자일기》는 어떤 일기인가?

남평 조씨(조애중)는 1574년 7남매 중에서 둘째로 태어나 1645년 72세로 병사하였다. 17세 때에 남이웅(南以雄, 1575-1648)과 결혼을 하였다. 남이웅은 1636년 병자호란 때에 남한산성으로 인조 임금을 모시고 들어갔고, 소현세자가 볼모로 중국 심양에 잡혀갈 때에 함께 따라가 억류 생활을 하다가 조선으로 돌아왔다. 그 이후에 이조판서와 좌의정 등의 고위 관료를 지냈다.

《병자일기》는 병자호란이 일어났던 1636년 12월부터 시작되며, 1640년 8월까지 4년여 간의 일상을 기록해 두었다. 이 일기를 썼던 당시 남평 조씨의 나이가 63세부터 67세에 해당한다. 그런 점에서 보면 이《병자일기》는 노년의 양반가 여성이 쓴 한글 일기라고 요약할 수 있다.

남평 조씨는 약 4년간 거의 매일매일 일기를 써 내려갔다. 동그라미를 표시해서 각 날짜를 구분하였고, 동그라미 아래에 날짜와 날씨를 적은 다음 그날그날의 일상을 빼곡하게 적어나갔다. 한 문장 정도로 짧게 적을 때도 있고, 자신의 심회와 감정을 자세하고 길게 서술할 때도 있다.

일기는 병자호란이 일어나자마자 황급하게 양식과 짐을 제대로 다 챙기지도 못하고 한밤중에 난리길을 떠나는 것으로 시작을 한다. 당시 남편은 인조 임금을 모시고 남한산성으로 들어가야 했기 때문에 남평 조씨는 집

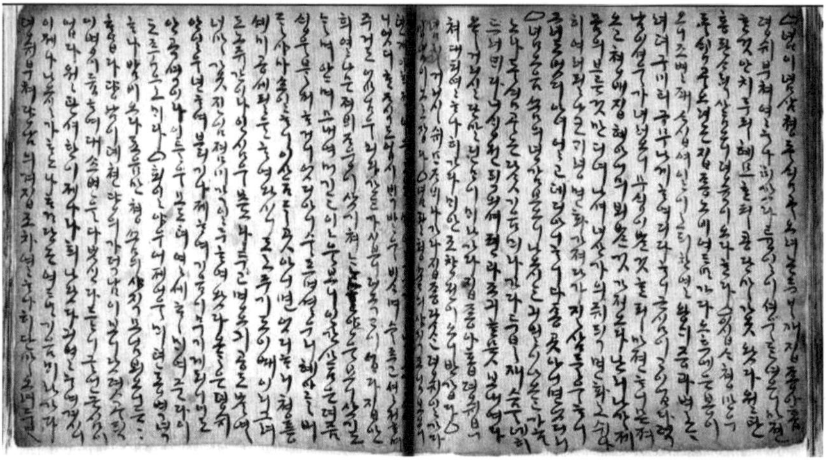

《병자일기》의 본문(동그라미 부호를 사용하여 날짜를 구별하였다)

안의 많은 사람들을 이끌고 여기저기 피란길을 다녀야만 했다. 여산과 충주에서는 비교적 오랜 기간 머물기도 하였다.

> 날이 새도록 길을 가니 서리와 눈이 말 위에 온통 얼어붙었다. 청호의 큰 길에 다다르니 군병이 오른다고 하므로 청호 작은 길로 오다가 걸어오던 두 집의 종 여덟 명과 난추와 천남이를 길을 잘못 들어 잃고 아침이 되도록 찾지 못했다. 길마다 피란하는 사람들은 끝이 없고 길이 여러 방향으로 났으니 어디로 갔는지 몰라서 온 집안 사람들이 발을 동동 구르며 애를 태웠다. 마을에 들어가 아침밥을 먹고 종들을 다 흩어서 찾으나 찾지를 못하니 갑갑하고 민망하기를 어찌 다 말하랴.

> 그렇게 하다가 보니 청풍으로 가는 길은 늦어가는데 주인이 말하기를 도적이 벌써 그쪽 방향으로 갔다고 하니 그쪽으로는 갈 엄두도 내지 말라고 하거늘 진위의 감찰댁을 찾아 들어가니 시간은 이미 한낮이 지났다. (1636. 12. 17.)

청나라 군대가 쳐들어왔다는 소식을 듣고 작가 일행은 서둘러 피란길을 떠났다. 위의 인용 글은 충청북도 제천과 청풍으로 피란을 갈 때의 상황을 다루었다. 무리를 지어 함께 이동하던 중에 사람을 잃어버려 사방으로 찾았지만 찾지를 못하여 답답하며 애를 태우는 작자의 심정이 잘 그려져 있다.

피란 기간 동안 남평 조씨는 남편이 없는 상황 속에서 홀로 집안을 이끌어나가야 했다. 농사를 짓기도 하고 집안 살림을 꾸려나가는 일상 생활의 다양한 모습들이 기록되어 있다. 한양 집으로 돌아오고 남편이 중국에서 돌아온 뒤에는 남편과 그 주변 사람들에 대해서 기록을 많이 남기고 있다. 현재《병자일기》는 세종특별자치시 유형문화재로 지정되었고 공주박물관에 보관되어 있다.

《병자일기》는 현존하는 여성의 한글 일기 가운데 창작 연대가 명확하게 밝혀진 최초의 작품이다.《병자일기》의 성격과 위상을 정확하게 밝히기 위해서는 이 일기가 나오기까지의 과정을 살펴볼 필요가 있다.《병자일기》는 평지돌출로 이루어진 것이 아니라, 그 이전의 글쓰기 전통을 일정 정도 계승하고 있다.

《병자일기》의 형성 배경과 관련해 한문일기 창작의 전통이 중요하게 고려되어야 한다. 남성들이 쓴 한문일기는 그 이전에도 있어왔지만 16세기에 들어와 크게 성행하였다. 매일매일의 날짜와 날씨를 기록하고, 그날그날의 사실과 사건들을 써 내려가는 일기의 전통이 16세기에 들어와 더욱 활성화되었던 것이다. 이 점은 이 시기에 들어와 일기의 현존 자료 양이 폭발적으로 증가하였던 데에서 단적으로 확인된다. 남평 조씨의《병자일기》가 일자별 기록으로 일상 주변의 생활잡사를 기록해 나가는 것은 이 같은 한문일기의 전통을 계승한 것이다. 날짜를 명기하고 그날의 날씨를 밝히고, 대체적으로 시간의 순서에 따라 그날 일어났던 몇 가지의 사건과 사실들을 나열하는 방식은 남성들의 한문일기 글쓰기 방식에서 빌려온 것이다.

또 하나《병자일기》라는 한글 일기문학이 성립되기 위해서는 한글 산문의 발달이 필연적으로 요구되는바, 한글 산문의 성숙이 일기문학의 성립을 가능케 하였다. 자국어 문자로 창작된 산문의 발달이 일기문학으로의 발전을 가져왔던 것은 조선 시대와 일본 헤이안 시대에 공통적으로 보인다. 헤이안 시대는 여성들의 삶을 일본 고유의 자국 문자로 표현하였던, 여성 산문문학의 전성기였다. 9세기 이후 발달된 고유 문자의 유행으로 한자를 대신해 여성의 자기표현 수단으로 정착되어 갔으며, 여성들은 한시문의 세계에서 멀어져 갔다. 남성 귀족의 문자였던 한자와 달리 일본 고유 문자가 여성들의 문자로 자리를 잡았다. 이에 따라 궁중에 사는 여성과 집안의 여성들이 자기들의 삶과 감정을 표현하는 데에 이를 적극적으로 활용하였다.

조선의 경우에도 1443년 한글이 창제됨으로써 여성의 문자 생활에 큰 변화가 왔다. 궁궐의 대비나 중전이 한글 교서를 통해 국정에 참여하는 양상을 보이기도 하고, 궁궐 내의 여성이 사랑하는 남성에게 한글 편지를 보내거나 사찰의 승려와 편지를 주고 받다가 논란을 불러일으키기도 하였다. 그런데 15, 16세기까지 여성들의 문자 생활 중에서 가장 큰 비중을 차지한 것은 한글 편지였다. 이 시기 여성의 자기 서사와 관련해서 주목할 작품은 〈인목대비 술회문〉이다. 선조의 계비였던 인목대비가 왕위 계승을 둘러싼 정치적 갈등 속에서 서궁에 유폐되는 등 시련을 겪었는데, 그때의 체험과 감회를 회상하는 산문작품이다.

한글 산문 중에서 특히 여성들의 한글 편지 사용이 주목된다. 16세기 중후반에 이르면 지방의 양반사가들 사이에서도 한글 편지가 널리 성행하고 있었다. 《병자일기》에도 남평 조씨가 여러 사람들과 한글 편지를 주고받는 것을 알 수 있다. 남편, 친여동생, 시댁 동서, 서자 아들 등과 한글 편지를 주고받았다. 한글 일기와 함께 한글 편지는 남평 조씨가 자신의 감정을 드러내는 주요한 통로였다.

남평 조씨는 친정 조카 편에 보내온 친여동생의 편지(1638. 8. 17.)를 보면서 어느 때에나 잊을 수 없다고 하여 가족 간의 간절한 그리움을 토로하였으며, 심양에 가있는 남편과 서자 아들의 편지(1637. 12. 3)를 읽으면서 '이 가슴 한 조가에 걸린 것' 때문에 '갑갑한' 심정을 드러내 보였다. 여성의 내밀한 감정을 사적으로 표현하는 통로로서 일기문학과 한글 편지는 공통된 특징을 지니고 있다는 점, 그리고 한글 편지에 많이 사용되는 표현—예컨대 그지없다, 탁탁 등의 용어—이 《병자일기》에도 보인다는 점 등을 고려할 때, 16세기에 들어와 발달한 한글 편지의 글쓰기 전통을 《병자일기》가 수용, 발전시켰던 것으로 보인다.

그런데 《병자일기》는 한글 산문의 글쓰기 방식을 더욱 내면화하는 방향으로 발전시켰다. 한글 편지가 독자를 의식하고, 특정한 상황을 염두에 두고 상호 간의 위로와 공감을 전제하는 글쓰기라고 한다면, 일기문학은 반드시 독자를 상정하는 것은 아니며 자기만의 내적인 독백과 토로를 강조하는 글쓰기를 시도한다. 작가에 의해 주관적으로 형성된 시간의 흐름 속에서 '자기'를 발견하고 '인생'의 의미를 성찰하는 일기문학의 글쓰기 방법을 발견하고 강화하는 데에서 《병자일기》의 의미를 찾아야 할 것이다.

4 《병자일기》를 통해 본 당대 사회상

《병자일기》에서 그려지고 있는 남평 조씨의 모습은 크게 두 가지로 나누어 볼 수 있다. 우선 큰 집안을 이끌어가는 안주인으로서의 모습이다. 매일매일의 일상을 충실하게 기록하면서 노비가 200명이 넘는 집안을 관리하고 통솔하는 대갓집 마님으로서의 모습이 한 편에 있다. 그리고 자기의 마음을 솔직하게 고백하고 때로는 슬픔을 토로하는 내면적이고 사적인 모습이 다른 한 편에 자리하고 있다. 후자와 관련해서는 일찍 죽은 자식에 대한 그리움이나 멀리 떠나있는 남편에 대한 그리움을 주로 표현하였다.

《병자일기》는 서로 다른 자아의 복합에 의한 작품공간을 창출하고 있다. 《병자일기》의 작품공간은 작품에 형상화된 상이한 자아에 의해 구축된다. 남평 조씨는 화자의 내향과 외향, 내면과 외면의 두 축을 중심으로 서로 상이한 자아를 형상화하였고, 이를 통해 작품의 독특한 표현공간을 만들어냈다. 200여 명이 넘는 노비들을 통솔하고 재산을 관리하며 각종 제사를 준비하고 손님들을 접대하는 등 대갓집 안주인으로서의 면모가 작품의 한 축을 형성한다. 이를 위해 작가는 그날그날 자신이 행했던 일상의 일들을 자세하게 기록해 두었다. 다른 한편 작가는 일상생활의 모습들을 기록하는 데에 멈추지 않고 작가의 내면에 담긴 복잡다단한 감정과 심리를 형상화한 또 하나의 세계를 창출하였다. 이것이 작품의 또 다른 축을 형성한다. 《병자일기》는 이 두 가지 축이 상호 교차, 중첩되면서 작품의 독특한 표현공간을 창출했다.

Ⓐ 이안 밭에 보리를 갈려고 소 두 마리와 열 사람이 보리씨 열여섯 말을 가지고 갔다.

Ⓑ 꿈에 영감도 뵈옵고 죽은 아이들도 보았으나 어릴 때처럼 보여 전계인지 누상인지 분간할 수가 없었다. 머리를 빗겨 땋아 보이며 반가워하다가 깨니 저희의 정령이 없지 아니하여 나에게 보이되 어른

얼굴은 뵈지 아니하니 설운 정을 다 말하랴.

불쌍하도다 내 자식들, 아깝도다 내 자식들. 시절이 이러하다고 하나 하나라도 있으면 내 몸이 이다지 외롭고 서러우랴. 매양 간담을 베어내는 듯 숨이 막히는 듯 답답하며, 생각하고 서러워하면서도 어찌할 수가 없으니 내 마음을 스스로 위로하며 이리 헤아리고 저리 헤아린다. 나쁘다. 내 자식이라면 나를 묻고 죽으련마는 스물다섯 해 나를 빌려 남다른 모자 되었더니 슬피 이별하니 상사람들이 하는 말로 전생의 죄로 이러한가. 이승에서는 그리 사나운 일을 하지 않으려고 하는 것이 내 마음이었건만 어찌 하늘이 나쁘게 보셔서 무지한 상사람들도 자식이 많은데 나에게는 이렇게 하시는가? 갑갑할 적에는 공평하신 하늘을 원망하다가도 반드시 내 죄런가 하니, 한시에 헤아리는 내 생각을 수레엔들 다 실으랴.

Ⓐ 중방인 엄이와 충신이가 소주와 오리알 삶은 것을 가져다준다.

(1638. 2. 15.)

1638년 2월 15일 일기의 전문이다. 이날 일기는 크게 두 부분으로 나뉜다. Ⓐ가 일상의 시간을 매일매일 살아가는 안주인으로서의 자아를 보여주고 있다면, Ⓑ는 자기 내면을 고백하고 자기 감정과 목소리를 강하게 표출하는 자아를 보여주었다. 일상의 공간 속에서 화자는 대갓집 안주인으로서 농업을 경영하는 모습을 보여주는데, 이 부분은 상대적으로 짧게 서술되어 있다. 이날 일기의 대부분은 꿈속에서 남편과 죽은 아들을 본 경험

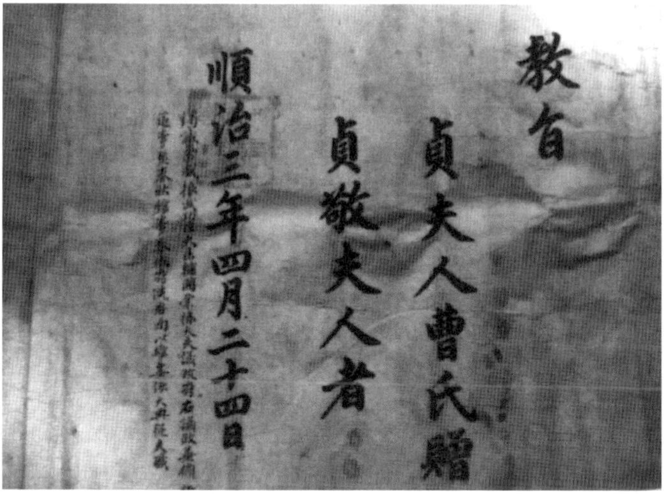
教旨
貞夫人曹氏贈
貞敬夫人者
順治三年四月二十四日

남평조씨교지(1646년[인조 24]에 남평 조씨에게 정경부인의 품계를 추증하는 교지)

이다. 남편도 부재하고, 자식들은 모두 생전에 세상을 떠났기 때문에 작자는 답답하고 숨이 막히는 심정을 애통한 언어로써 절절하게 토로하였다. 꿈이라고 하는 일종의 비현실적 공간 속에서 일어난 경험을 다루었다. 일기의 마지막 부분에서는 엄이와 충신이라는 사람이 소주와 오리알을 가지고 왔다는 것으로 마무리하였다. 다시 일상 공간을 살아가는 작자의 모습을 기록하였다.

작품 속에 투영된 자아상은 소재 선택의 영역, 표현 방식, 시간 의식, 화자의 감정과 어조 등의 층위에서 서로 다른 모습으로 형상화된다. 《병자일기》는 이들 상이한 자아가 서로 중첩, 교차되면서 '남평 조씨'라는 한 작가의 자기 모습의 전체상을 창출해 낸다.

이들 상이한 두 자아가 《병자일기》 매일의 기록 속에서 항상 다 드러나는 것은 물론 아니며, 어느 한 가지 모습만 드러나는 경우가 오히려 더 많다. 하지만 작품 전체를 놓고 보았을 때, 《병자일기》의 작품공간은 상이한 두 자아에 의해 구축되어 있다. 전자는 외부 세계를 향해 있고, 후자는 내부의 심연을 향해 있다. 즉 밖으로 보여지는 자아와 안으로 감춰진 자아의 대조이다. 전자는 기록하는 자아로서, 매일의 일상과 사건을 빠짐없이 기록한다. 후자는 회상하는 자아로서, 과거의 기억을 떠올리고 추억하면서 자기 감정을 드러낸다. 전자가 집안 가문의 영역에 관여한다면, 후자는 내면적, 사적인 영역에 관여한다. 그리고 전자는 가문 내의 제반 일을 관리하고 통솔하는 여성이며, 외면적 행위의 주체자로서의 여성이다. 후자는 죽은 자식과 부재한 남편 그리고 타인의 죽음으로 인해 고통받고 슬퍼하는 여성이며, 내면적 고백자로서의 여성이다. 내면적 고백자로서의 자아는 인용문에서 1인칭 대명사 '나'를 반복적으로 활용함으로써 더욱 극명하게 표현되었다.

먼저 남평 조씨가 대갓집 안주인으로서 경제 활동, 가정 경영을 수행해 나가는 모습을 살펴보도록 한다. 가만히 앉아서 살림만 하는 것이 아니라, 집안의 경제를 함께 책임지고 주도적으로 집안을 이끌어가는 양반가 여성을 만날 수 있다. 남편은 인조 임금을 모시고 남한산성에 있거나 소현세자를 따라 청나라에 끌려갔기 때문에 집안 경영을 남평 조씨가 홀로 책임져야 했다. 이 집안은 경상도, 전라도, 강원도 등에 토지와 노비를 소유하고 있었고, 서울 마포와 뚝섬 등에도 토지를 소유하고 있었다.

> 장에 가서 보리 다섯 뭘치를 팔았다. (1637. 6. 3.)

> 아침에 흐리다가 늦게야 개었다. 이안 밭에 보리를 갈려고 소 두 마리와 사람 열 명이 보리씨 열여섯 말을 가지고 갔다. (1638. 2. 15.)

> 흙당 논에 집의 종 여섯이 김매러 갔다. 그 논에 보비삶이[비료를 덧주는 것]는 김매기가 미처 두 벌을 가지 못했고 올벼는 세 벌, 다른 곳은 다 두 벌씩 매었다. (1638. 5. 25.)

남평 조씨는 전국에 흩어져 있는 많은 농토들을 관리하고, 농사 짓는 일을 관리하고 감독하였다. 또한 농사의 작업 일정을 조정하거나 파종을 달리하기도 하여 합리적 농업 경영을 실천하였으며, 이를 통해서 집안의 경제력을 유지해 나갔다.

당대 역사의 구체적 움직임과 변화상을 잘 보여주고 있는 점 또한《병자일기》의 흥미로운 부분이다. 예컨대《병자일기》에는 제사를 지내는 기록들이 상당히 많이 나오는데, 그 가운데 시집간 딸로서 남평 조씨가 친정 부모의 제사를 지내거나 여러 제사를 자식들이 나누어 맡는 모습이 보인다.

> 문밖 어머님의 기제사였는데, 조별좌가 오려고 했으나 비 때문에 못 오시는가 싶다. 천남이를 데리고 띠를 띠우고 관을 씌워서 제사를 지내니 슬프고 설운 정이 그지없다. 외손자라도 있었으면 하고 생각하니 가슴 아프기 그지없다. 조카들도 하나도 못 오니 그런 섭섭함이 없다. (1638. 1. 18.)

> 사직골 기제사에 제물을 차려서 보냈다. 닷젓골 댁의 차례이지만 우리가 했다. (1639. 12. 27.)

'문밖 어머님'은 친정어머니를 가리킨다. '조별좌'는 작가 친정 오빠의 동생, 즉 친정쪽 조카이다. 남평 조씨가 친정어머니의 제사를 지내는데 형제와 조카들이 오지 못해 섭섭한 마음을 토로하였다. 제사를 장남만이 지내는 것이 아니라, 딸인 남평 조씨가 친정어머니의 제사를 담당하고 있음을 알 수 있다.

둘째 인용 글에서 '사직골 기제사'는 시아버지의 제사를 가리키며, '닷젓골 댁'은 작가의 둘째 동서를 말한다. 시아버지 제사가 이번에는 닷젓골 댁 차례였는데, 어떤 사정으로 인하여 남평 조씨가 대신 준비하였다. 제사를 완전히 돌아가면서 지내는 형태는 아니고, 제사 자체는 큰집에서 하는데 재물만 돌아가면서 준비하는 반윤회로 추정된다.

분할봉사는 여러 제사를 자식들이 나누어 맡는 것이며, 윤회봉사는 한 제사를 자식들이 돌아가면서 맡는 것을 말한다. 분할봉사는 아들, 딸, 손자 등 자손들이 그들 선조 제사 가운데 특정 제사를 맡아 제사의 준비 및 기타 제반 사항을 전담하는 것을 말한다. 그리고 윤회봉사는 한 제사를 자손들 간에 해마다 돌아가면서 지내는 것이다. 예컨대 아버지 제사를 자식들이 순번을 정해 해마다 돌아가며 지내는 것이다.

조선 시대 때 제사라고 하면 주로 큰 아들이 지냈다는 정도로 알고 있는데, 17세기 중반까지만 하더라도 장자만이 제사를 지낸 것이 아니라 딸들도 부모의 제사를 지냈다. 시댁 제사를 살펴보면 큰 아들이 부모의 제사를 홀로 지내는 것이 아니라 남편의 형제들이 돌아가면서 부모의 제사를 지냈다고 기록하였다. 이러한 사실은 당시 여성의 사회적 지위나 경제적 지위와 밀접한 관련을 가지고 있다고 하는 점에서 흥미롭다.

《병자일기》에는 분할봉사와 윤회봉사의 사례를 확인할 수 있다. 부계 중심의 가족 질서가 확고하게 자리잡지 않은 17세기 무렵까지 이러한 제사가 시행되었으며, 집안의 재산 또한 남녀가 균등하게 분배되었다. 17세기 후반 이후에 이르면 윤회봉사나 분할봉사가 점차 사라졌고 장자 중심의 제사와 상속의 관행이 보편화되었다. 《병자일기》는 장자 중심으로 제사와 상속이 이루어지기 이전의 조선 사회의 가족 관계와 일상 생활의 면모를 구체적으로 잘 보여준다고 하겠다.

이처럼 《병자일기》는 매일매일 살아가는 일상 생활의 경험과 사건을 충실하게 기록해 놓았다. 달리 말해 17세기 전반기의 시대적 상황을 한 여성이 어떻게 살아갔는가를 구체적이며 생생하게 보여주고 있다는 점에서 역사 자료로서도 매우 중요한 가치를 지니고 있다.

5 《병자일기》에 나타난 작중화자의 내면

일상을 살아가는 양반가 가문의 한 여성으로서의 모습과 함께 우리가 주목할 부분은 내면의 감정과 심회를 솔직하게 토로하는 한 개인으로서의 모습이다. 주로 사랑하는 사람의 부재를 계기로 화자의 내면적 슬픔을 토로하는 경향을 보인다. 남편의 부재, 그리고 아들과 며느리의 죽음을 통해 작자는 부재한 대상에 대한 그리움과 내면의 슬픔을 표출하는 모습을 드러낸다.

남평 조씨는 4남 1녀를 낳았는데 모두 생전에 죽었다. 두 아들과 딸은 일찍 죽었던 것으로 보이며, 일기에 주로 등장하는 사람은 13살과 25살에 각각 세상을 떠난 아들이다. 스물다섯 살에 죽은 아들에게는 며느리가 있었는데, 이 며느리도 같은 해에 세상을 떠났다. 그렇기 때문에 60세가 넘은 노년의 작자에게는 믿고 의지할 자식이 하나도 남아있지 않은 셈이다. 작자는 이들 아들과 며느리가 죽은 날에 제사를 지내고 이들의 생일에도 빠짐없이 차례를 지냈는데, 이를 모두 일기 속에 기록해 두었다. 그리고 그 분량도 길고 내용도 자세하다. 아마도 작자로서는 먼저 세상을 떠난 자식과 며느리에 대한 그리움, 홀로 남겨진 자신의 외로움과 슬픔을 보다 상세하게 전하고자 하였던 것으로 짐작된다.

남평 조씨는《병자일기》내에서 하루하루의 일상을 기록하는 자신의 모습을 서술했다. 바쁘고 힘든 가운데 그날의 일기를 기록하지 못하고 있는 점을 밝히기도 했다. 이를 통해 우리는 남평 조씨가 매일매일의 일상 사건들을 기록하는 데에 매우 충실하였음을 짐작케 한다.

그렇다면 남평 조씨가 매일매일의 일들을 기록으로 남기게 하였던 일기쓰기의 근원 혹은 동력은 무엇이었을까? 일기를 쓰도록 한 동기나 계기가 무엇인지, 그리고《병자일기》작품 전반을 관류하는 주제의식은 무엇인지 등이 해명되어야 할 사안이다.

남평 조씨가《병자일기》를 쓰게 된 창작의 중요한 계기의 하나는 죽음이었다. 죽음은 일기 집필의 중요한 계기의 하나였다. 일찍 죽은 아들과 며느리의 죽음이 남평 조씨에게 일기를 쓰도록 하였을 뿐만 아니라,《병자일기》내에는 무수히 많은 사람들의 죽음이 언급되어 있다. 아들과 며느리, 그리고 주변 친척들의 죽음에서 촉발되어 화자는 일기 쓰기라는 행위를 통해 내면의 시간여행을 떠난다. 죽은 아들과 며느리의 생전 모습을 떠올리기도 하고, 아들이 죽은 이후의 지난 과거를 회상하기도 하고, 앞으로 다가올 자신의 죽음의 그림자를 예감하기도 하였다.

죽음의 계기는《병자일기》집필의 주요한 동인으로 작용하며, 그로 인해 촉발된 화자의 내밀한 감정은 작품 전편을 관통하였다. "가슴 속의 회포는 늘 불이 붙다"(1637. 3. 17.), "이 가슴 한 조각에 걸린 것은 언제나 풀어실까?"(1637. 7. 13.) 등의 감정 토로를 곳곳에서 발견하게 된다. 친아들의 죽음에서부터 가족, 친척, 이웃, 노비 등에 이르기까지 작가는 인간의 죽음과 그 부재에서 오는 충격과 슬픔을 작품 곳곳에서 토로하였다. 특히《병자일기》에서는 죽은 자식에 대한 그리움과 슬픔의 정서가 작품 전편을 관류하고 있는 중심축을 형성하였다. 작품의 후반부로 갈수록 슬픔과 그리움의 빈도와 밀도는 한층 더 강해졌다.

이 점은 남성들이 쓴 한문일기의 서술 방식 및 태도와 다르다. 예컨대 이문건(李文楗, 1494-1568)의 《묵재일기(默齋日記)》에는 죽은 자식의 제사와 관련된 기록이 단편적이며, 작가의 감정과 내면을 노출하지 않았던 데에 비하여, 남평 조씨는 두 아들과 며느리의 제사뿐만 아니라 생일날 제사를 빠짐없이 차렸을 뿐만 아니라, 그들의 죽음을 계기로 내면의 정한을 숨김없이 토로하였으며, 자기의 정체성을 확인하고 인생에 관한 자기 나름의 인식을 보여주었다.

대체적으로 나누어 보면, 남성이 쓴 일기가 한문으로 기록하였고, 일월의 명시를 원칙으로 하며, 사실의 기록성을 중시하며, 비망록의 역할을 하는 것에 비해, 여성이 쓴 《병자일기》는 한글로 쓰여졌고, 사실의 기록을 절대시하지 않으며, 회상의 형식을 적절하게 활용하였고, 자기 내면의 심리와 감정 변화를 적극적으로 드러내는 등 자기 표현의 측면이 강하다.

13살에 죽은 남두량은 집안의 장남이었지만 혼인하기 전에 죽었기 때문에 부인이 없었다. 대개 혼인하기 전에 죽은 아들은 제사를 지내지 않는 것이 일반적이었다. 그러나 남평 조씨는 유교적인 제사 원칙을 지키지 않았고, 어머니의 입장에서 혼인도 하지 못하고 어려서 죽은 큰아들을 위해 빠뜨리지 않고 제사를 지내주었다. 그리고 생일날 제사를 지내는 것은 대개 돌아가신 부모로 한정하는 것이 관례였으며, 조선 후기에 이르면 그것마저도 거의 사라졌다. 남평 조씨는 죽은 장남의 생일과 기일을 맞아 자기의 신세를 되돌아보면서 비탄의 감정을 격렬하게 토로하였다. 죽은 자식에 대한 그리움과 슬픔의 감정은 인간 세상을 버린 후에나 잊을 수 있다고 고백하였다. 그리고 “나를 무슨 죄 때문에 이렇게 간장을 태우게 하시는가?”, “어느 날, 어느 시에나 마음이 누그러져 풀릴까?”라고 하여, 자기 스스로에게 물음을 던지는 자기 고백적 진술 방식, 죽은 아들의 과거 시절을 회상하는 방식 등은 화자의 내면 정감을 효과적으로 표현 전달하는 장치이다.

별좌의 제사를 지내니 나의 설움이야 끝이 없다. 어찌 말로 다 할 수 있으랴. 제를 지낼 사람도 없어서 남진사와 조창하가 제사에 참례하였다. 신주를 보니 숨이 막히는 듯하고 정신이 아득하기만 하다. 세월이라 흘러가지만 어느 때 어느 날에나 잊을까. 어여쁘던 얼굴이 생생하고 그리운 일만 생각하면 간담이 쪼개지는 듯, 베어지는 듯. 아이고, 꿈에나 나타나 보이려무나. 타이르고 눈물을 흘리며 지내나 꿈에도 한번 분명히 보이지를 않으니 제 잘못이로다. 저인들 정령이 있으면 늙은 어미를 생각하지 않으랴마는 유명이 달라서 그런가 더욱 설워한다. 장차 벌써 오 년이 다 되어 가니 흐르는 세월을 누구를 위하여 미루랴. (1637. 10. 3.)

천계의 기일이라 제사를 지내고 나니 새삼스럽게 마음이 그지없다.

어찌 내 자식들은 사람 일을 알 만하여 죽으니 더욱 섧다. 어려서 죽은 아이들은 생각도 아니 한다고 하겠지만, 두 아들은 십삼년 씩, 이십오 년씩 나를 빌려 모자 되어 살뜰이 사랑하며 살다가 다 죽어지니 알지 못할 일이로다. 나를 무슨 죄 때문에 이렇게 간장을 태우게 하시는가? 어느 날, 어느 때에나 마음이 누그러져 풀릴까? 내가 인간 세상을 버린 후에나 잊을까 한다. (1638. 4. 5.)

위의 인용 글은 스물다섯 살과 열세 살에 죽은 두 아들의 제사를 지낼 때의 심정을 솔직하게 표현하였다. 세월이 흘러도 자식 잃은 어미의 슬픔은 조금도 누그러지지 않아, 자신이 죽은 후에야 잊을 수 있을 것이라고 비탄에 빠진 말들을 쏟아낸다. 이러한 상실감은 아들의 죽음뿐만이 아니라 연이은 주변 인물들의 죽음을 통해서도 보여진다.

남평 조씨는《병자일기》에서 자기 주변에서 일어났던 일상들을 빠짐없이 기록하였다. 하지만 그러한 일상의 기록에서는 작가의 주관적인 감정, 내면의 목소리, 심정 표현 등이 특별하게 나타나 있지 않다. 최대한 작가의 주관을 개입시키지 않았다. 이에 비해 죽은 자식과 며느리의 제사를 지낸 것을 기록한 부분에서는 그들에 대한 그리움과 회한의 감정을 매우 곡진하게 표현하였다.

《병자일기》 작품 전편에는 병자호란이라는 전쟁, 남편과 자식의 부재 등으로 인한 불안과 고독이 깔려있다. 남평 조씨에게 있어 남편과 자식은 삶의 중심 부분이었다. 하지만 남편은 병자호란의 와중에 심양으로 끌려

갔으며, 네 자녀는 어렸을 때 모두 잃고 말았다. 남평 조씨는 죽은 두 아들과 며느리의 생일 차례와 기제사를 빠짐없이 지냈으며, 그때마다 자신의 내면에 감추어두었던 고통과 슬픔을 강하게 드러냈다. 남평 조씨에게 있어 일기 쓰기는 자신의 내면을 드러내 보이고, 내면의 고통을 토로하는 의미를 지닌다. 아마도 남평 조씨에게 있어 일기 쓰기는 살아가는 것의 의미를 갖는다고 할 수 있다. 전쟁, 남편과 자식의 부재로 인한 불안과 고독을 감내하며 혹은 그것을 넘어서기 위한 한 방법이 일기 쓰기의 행위였다.

화자는 자신을 '어머니도 자식도 없는 나', '가지 많은 시절을 살아가는 늙은 나'로 규정하였다. '가지 많은 시절'이라는 용어는 아마도 화자가 마주하고 있는 외부 상황을 가장 적실하게 표현한 말이다. 화자는 생전에 사녀를 모두 일찍 떠나보내야 했던 개인사적 불행과 전쟁의 혼란 속에서 남편은 심양에 가 있고 '어머니도 자식도 없는' 나이든 몸으로 한 집안의 대소사를 관리 경영해야 했다. 요컨대 화자는 '불안의 시대'에서 일기 쓰기 행위를 지속하였다.

작품 속 화자가 자기에 대해 의식하게 되는 직접적 계기는 자식의 죽음이다. 흘러간 과거의 시간을 회상하고, 앞으로 다가올 시간을 응시하면서 화자는 인간존재와 인생의 무상감을 토로하였다. 자기를 의식하면서 자기만의 내면세계를 형성, 구축하였던 것이다. 작가가 자기를 의식하는 것은 '일기 쓰기'라는 행위를 통해 명확해지고 명료해졌다. 달리 말해 자기 자신이나 자신의 인생을 대상화하여 응시하고 있는 자세가 보인다. 작가에게 있어 매일매일 빠짐없이 일기를 쓰는 행위는 자기를 알아가고 자기를 확립해 나가는 과정인 셈이다. 독자인 우리들은《병자일기》를 읽으면서 하루하루의 시간의 연속 속에서 조금씩 스스로를 알아가는 작가를 만나게 된다.

남평 조씨는 일기 쓰기 행위를 통해 자기 스스로를 돌아보고 스스로를 규정하였다. 자기라는 존재, 더 나아가 인간 존재 및 인생에 대한 이해를 찾았다. 남평 조씨는 자신의 존재 및 인간사에 대해 이렇게 말하곤 하였다. "인간 세상은 거짓 것이니, 이 세상에 얼마나 있는다고 이렇게 괴로운 일이 많은가? 도리어 죽는 것이 즐거운 일이다." "죽은 자식들 생각을 한시도 잊은 적이 없고, 인간사가 끝없는 한뿐이다." "나는 어찌 된 팔자인지 딸 하나와 아들 넷을 낳았지만 종적도 없어졌는가?"

《병자일기》에서 외부 세계를 대하는 화자의 정서를 이루는 핵심은 죽은 자식들에 대한 그리움이다. 달리 말해 자기에 대해 의식하게 되는 직접적 계기는 자식을 포함한 가까운 사람들의 죽음이다. 주변 가까운 사람들의 안타까운 죽음을 접하거나 혹은 회상을 통해 떠올리면서 작가는 자신의 처지와 삶을 대상화하여 응시하는 자세를 취한다. 남평 조씨가 자기를 의식하는 것은 일기 쓰기라는 과정이 지속적으로 수행되면서 보다 더 뚜렷해지고 명료해진다. 그리고 남평 조씨는 그같은 죽음을 계기로 하여 흘러간 시간을 회고하고 앞으로 얼마 남지 않은 자신의 삶을 내다보면서 인생의 부질없음과 허망함을 토로하기도 하였다. 자기에 대한 인식, 자기의 인생에 대한 자각이 일기문학을 쓰게 하는 원동력이 된다.

작품의 후반부로 갈수록 남평 조씨의 상실감과 공허감은 한층 더 강해졌다. '이 늙고 병든 몸'인 작가는 노년의 나이에 자기를 되돌아보고 자기의 처지를 새삼 확인하였다. "노인은 살아온 긴 생을 뒤로 갖고 있으며, 앞으로 살아갈 삶의 희망이 매우 한정된 인간이다." 남평 조씨는 죽은 아들, 며느리의 죽음을 통해 자신의 신세와 처지를 재확인하고, 늙은 육체를 통해 시간의 변화와 인간 존재의 유한성을 자각한다. 변화하는 육체를 통해, 자식과 며느리의 죽음을 통해 작가는 끊임없이 자기 정체성을 확인하였으며, 인생의 상실감과 공허감을 견뎌내며 묵묵히 자신의 머지않은 죽음을 담담히 받아들이고자 하는 인생의식을 보여주었다.

《병자일기》 전편에는 인간 존재의 허무함에 대한 작가의 불행의식이 면면히 흐르고 있다. 이 같은 작품의 주세의식은 일본 헤이안 시대 때에 미치쓰나의 어머니가 남편과의 불행한 결혼 생활을 회상하면서 쓴《가게로 일기》와 유사한 면모를 지닌다.

6 일본 헤이안 시대 《가게로 일기》와의 비교

남평 조씨가 쓴《병자일기》와 일본 헤이안 시대에 미치쓰나의 어머니가 쓴《가게로 일기(蜻蛉日記)》는 모두 여성에 의해서 자기 나라의 문자로 쓰인 최초의 일기문학이라는 점에서 공통점을 지닌다. 또한 두 일기는 주제 의식의 면에서도 유사한 점을 보인다. 두 작품에는 공통적으로 불행 의식이 관류하고 있다. 《가게로 일기》에 나타난 불행 의식이 남편과의 불안정한 결혼 생활에서 오는 갈등과 고뇌로부터 비롯되었다면, 《병자일기》에서는 불안한 시대 상황과 자식 및 남편의 부재에서 오는 고독으로부터 연유하였다. 각기 다른 나라에서 다른 시대를 살았던 두 여성이 어떤 삶을 살아갔는지, 그리고 그들 사이에 어떤 유사한 점이 있는지를 상상하면서 읽는다면 더 흥미롭지 않을까 한다.

《가게로 일기》는 10세기 후반에 창작되었고, 《병자일기》는 17세기 전반에 창작되었다. 시기적으로 600년이 넘는 간격이 있으며, 두 작품 사이에는 특별한 영향과 수용의 관계를 찾을 수 없다. 하지만 두 작품 사이에는 주목할 만한 공통점이 있다.

일기문학은 전근대 시대 동아시아에서 공통으로 창작되고 유통되었다. 특히 일본에서는 헤이안 시대에 여성에 의해 가나 문자로 쓰여진 일기가 활발하게 창작된 이래로 일기문학이 문학사에서 중요한 장르로 부각되어 왔다. 각국의 문학적 전통 속에서 일기문학은 각기 다른 양상을 띠고 발전해 왔던 것으로 보이는바, 동아세아의 비교문학적 관점에서 이들 일기문학의 특징을 상호 비교하는 작업은 중요한 과제의 하나이다.

《가게로 일기》와 《병자일기》는 한문과 자국 문자에 기반한 이원적 문자 체계를 이루었던 시대를 문화적 배경으로 하고 있으며, 최초로 여성에 의해서 자국문자로 일기문학을 창작하였다는 점에서 공통된 특질을 지닌다.

공통문어였던 한문의 창작 관습에서 벗어나 자국문자를 사용하여 여성 작가가 한문일기로부터의 질적 비약을 성취한 일기문학을 창작하였다는 사실은 한국과 일본 문학사에서 획기적인 전환점이었다. 이것은 '여성', '자국문자', '일기문학'이라는 세 요소가 결합된 문학사적 전환점이다.

두 작품은 모두 여성에 의해 자국문자로 창작된 일기문학이라는 점에서 공통적이다. 《가게로 일기》에 앞서 《도사일기(土佐日記)》가 있었지만, 여성에 가탁한 것이었으며 실제 작가는 남성이었다. 기노 쓰라유키(紀貫之)가 쓴 《도사일기(土佐日記)》는 작가가 남성이었지만, 가나 문자로 작품을 쓰고 작중의 화자를 여성으로 설정하였다. 이 같은 문학적 장치는 남성 관인의 입상에서 벗어나 자유로운 글쓰기를 지향하도록 하였다. 《도사일기》를 일정하게 계승한 《가게로 일기》에 이르러 비로소 여성 일기문학으로서의 문학적 성취가 개화되었다.

또한 《병자일기》와 《가게로 일기》는 일기에서 일기문학으로의 전환을 이끌었다는 점에서도 일기문학사적 의의가 크다. 일기문학에서는 외부 세계를 대하는 작가의 심정, 의식, 감정이 나타나며, 이것이 일기와 기본적으로 다른 점이다. 일기문학 작품 내에서는 일기를 쓰는 작가 자신을 의식하며, 일기를 쓰는 사람의 자아가 독립적으로 형성된다. 이 점이 일기와 일기문학을 구별하는 지점이라고 할 수 있다. 《병자일기》와 《가게로 일기》는 '나'의 존재성을 탐구함으로써 일기문학이라는 양식을 확립해 나갔다는 점에서 유사하다.

베트남의 경우에는 자국의 고유 문자인 쯔놈이 13세기에 이르러 정착되었지만, 차자 표기의 한계를 지니고 있었고, 그 사용법이 어렵고, 베트남어를 표기하는 보조적 지위에 머물렀다. 이에 따라 기록문학이 양적으로 열세이며, 여성의 기록문학 참여 또한 크게 제약을 받았다. 더구나 현재 전하는 쯔놈문학의 대부분이 운문으로 창작되었으며, 산문은 근대에 들어와서야 자리를 잡게 되었다. 그리고 중국의 경우에는 이원적 문자체계에 기반하였던 한국, 일본, 베트남과는 상황이 달랐으며, 여성 일기문학 작품의 창작 또한 잘 알려져 있지 않다. 여성이 자기의 삶과 감정을 자국문자로 서술하는 동아시아 일기문학의 비교는 한일 양국에 국한될 수밖에 없다.

강한 자의식을 소유했던 미치쓰나의 어머니는《가게로 일기》에서 20여년간에 걸친 결혼 생활을 중심으로 그 속에서 생성된 고뇌를 표출하였다. 남평 조씨는 친아들의 죽음에서부터 가족, 친척, 이웃 등에 이르기까지 인간의 죽음과 그 부재에서 오는 충격과 내밀한 감정을 지속적으로, 그리고 강렬하게 표현하였다. 특히 남평 조씨는 죽은 자식과 부재한 남편에 대한 그리움과 슬픔의 정서가 작품 전편을 관류하고 있는 중심축을 형성하였다.

주제 의식의 측면에서 또 하나 지적할 점은 작품에 나타난 노년의식의 문제이다.《가게로 일기》의 하권에 이르러 미치쓰나의 어머니는 남편에 대한 집착을 버리고 체념의 심경으로 변화되었다고 설명되기도 하고, 격렬한 애정 갈등을 겪은 이후 그 고뇌를 극복함으로써 조용하고 평온한 인생의식을 지니게 되었다고 평가하기도 한다. 여기서 우리가 지적할 점은 미치쓰나의 어머니와 남평 조씨에게서 공통적으로 보이는 노년의식, 즉 늙어가는 자신의 나이를 의식하는 여성 화자의 모습이다. 《가게로 일기》와 《병자일기》는 작품 후반부로 갈수록 나이 들어가는 자신들을 의식하면서 인생에 대한 불행의식을 한층 더 강화하는 방향으로 작품이 전개된다는 점에서 공통된 면모를 보여준다. 요컨대 노년의식이 화자의 심경 변화와 밀접한 관계를 맺으면서 작품의 주제의식을 한층 강화해 나가는 것이다.

참고 문헌

- 남평 조씨.《병자일기》. 공주시 박물관.
- 남평 조씨.《병자일기》. 박경신 역주. 나의시간, 2015.
- 정우봉.《조선후기의 일기문학》. 소명출판, 2016.

- 김보현.〈병자일기의 독서시간과 서사성 연구〉.《한국고전여성문학연구》(한국고전여성문학회) 41(2020): 5-30.
- 문희순.〈조애중의 병자일기 배접지에 기록된 제문과 간찰〉.《국학연구》(한국국학진흥원) 39(2019): 357-396.
- 박경신.〈병자일기에 나타난 17세기 중엽 사대부집안 제사의 양상과 의미〉.《진단학보》(진단학회) 127(2016): 99-120.
- 박미해.〈유교적 젠더 정체성의 다층적 구조〉.《사회와 역사》(한국사회사학회) 79(2008): 197-229.
- 안숙원.〈역사의 총체성과 여성 담론〉.《여성문학연구》(한국여성문학회) 2(1999): 191-227.
- 이순구.〈조선후기 양반가 여성의 생활 일례〉. 조선사회연구회 편.《조선시대의 사회와 사상》. 조선사회연구회, 1998.
- 이연순.〈한일 고전여성 일기문학의 최초 작품 비교 고찰〉.《한국문화연구》(이화여대 한국문화연구원) 26(2014): 51-71.
- 정우봉.〈남평조씨 병자일기의 성격과 작품공간〉.《한국고전여성문학연구》(한국고전여성문학회) 25(2012): 209-239.
- 조혁연.〈병자일기에 나타난 17세기 충주 이안지역의 농법〉.《중원문화연구》(충북대 중원문화연구소) 22(2014): 97-128.

더 읽어보기

《병자일기》를 비롯하여 조선 시대 여성들이 쓴 일기나 자서전을 함께 읽어보기를 권한다.

남평 조씨. 《병자일기》. 박경신 역주. 나의시간, 2015.

혜경궁 홍씨. 《한중록》. 정병설 역. 문학동네, 2010.

풍양 조씨. 《자기록—여자, 글로 말하다》. 김경미 역. 나의시간, 2014.

이웃 나라 일본 여성이 가나문자로 남긴 일기 작품이다.

남평 조씨의 《병자일기》와 서로 비교해서 읽어보면 좋을 것이다.

미치쓰나의 어머니. 《가게로 일기》. 이미숙 역. 한길사, 2011.

무라사키 시키부. 《무라사키 시키부 일기》. 정순분 역. 지식을만드는지식, 2011.

조선 시대의 일기를 소재로 하여 당시의 역사와 개인의 삶을 다룬 책도 흥미롭게 읽을 수 있다.

문숙자. 《68년의 나날들, 조선의 일상사》. 너머북스, 2009.

규장각한국학연구원 편. 《일기로 본 조선》. 글항아리, 2013.

정우봉. 《조선 사람들, 자기 삶을 고백하다》. 세창출판사, 2021.

페스트

혼자, 그리고 함께 극복하는 위기의 시대

지영래

1 알베르 카뮈와 〈페스트〉

2020년 전 세계가 코로나(COVID-19)로 진통을 겪으면서 갑작스럽게 다시 인기를 끌게 된 소설 중 하나가 알베르 카뮈(Albert Camus)의 〈페스트〉이다. 소설 속에 묘사된 병세의 경과, 도시 봉쇄, 격리, 불안, 경제적 타격과 사회적 불신 등의 그 내용이 지금 우리가 겪고 있는 코로나 상황과 너무나 유사한 지점들이 많다 보니 한국에서뿐만 아니라 전 세계적으로 최근의 판매량이 급증했다는 소식이 들린다. 이 소설은 제2차 세계대전이 한창일 때 집필되어서 전쟁이 막 끝난 1947년에 출간되었었는데, 출간 당시에도 오늘날 못지않게 대단한 인기를 끌었던 작품이다.

이 소설을 출간한 갈리마르(Gallimard) 출판사는, 현재까지 이 출판사에서 출간된 작품 중 공쿠르상 수상작만 38편에 이르고, 이곳과 계약한 작가들 중 노벨문학상 수상 작가가 7명이나 배출된, 20세기 문학에 있어서는 프랑스의 출판사 가운데 가장 영향력 있는 출판사이다. 창립된 지 100년이 넘은 이 갈리마르 출판사에서 지금까지 출간된 작품들 중에서 카뮈의 〈페스트〉는 역대 누적 판매 부수로 3위에 올라 있는 소설인데, 1위가 1947년 같은 해에 출간되었던 생텍쥐페리의 〈어린 왕자〉이고, 2위는 카뮈의 또 다른 소설인 〈이방인〉이다.

카뮈의 〈페스트〉는, 제목에서 보다시피 갑작스럽게 덮친 페스트라는 전

〈페스트〉 초판 표지(1947)

염병으로 한 도시가 외부 세계와 완전히 단절되고, 그 때문에 사랑하는 이들과 생이별을 한 사람들이 죽음의 공포와 맞서 싸운 1년여의 기간 동안의 이야기이다. "평범하기 그지없는 조용한 해안 도시 오랑에서 언젠가부터 거리로 나와 비틀거리다 죽어 가는 쥐 떼가 곳곳에서 발견된다. 정부 당국이 페스트를 선포하고 도시를 봉쇄하자 무방비 도시는 대 혼란에 빠진다. 질병이 빠르게 확산되면서 사람들은 보건대를 꾸리는 등 죽음과 투쟁을 벌인다. 의사로서 사명을 다하려는 리외와 (…) 미지의 인물 타루, (…)

신문기자 랑베르 등은 공포와 불의가 절정에 달한 이 도시에서 페스트에 맞서 싸우기 위해 노력한다"(카뮈, 〈페스트〉, 뒤표지 글). '연대기'의 형식으로 죽음과 맞서 싸운 이들의 이야기를 시간 순서대로 따라가면서, 소설 〈페스트〉는 죽음과 공포, 이별의 아픔 등 인간이 처한 극한의 절망적인 상황을 생생하게 그려낸다. 카뮈는 이 〈페스트〉를 출간하고 10년 뒤인 1957년에 마흔넷의 나이로 프랑스 작가로는 아홉 번째로 노벨문학상을 수상하였다.

알베르 카뮈(1913-1960)는 프랑스를 대표하는 소설가이지만 그가 태어난 곳은 프랑스 본토가 아닌 당시 프랑스 식민지였던 알제리이다. 1830년부터 프랑스의 식민지였던 알제리는 130년간 식민 지배를 받다가 1962년이 되어서야 처절한 독립 전쟁을 통해 해방을 쟁취하게 되는 북아프리카의 국가이다. 카뮈의 조상들은 식민 초창기부터 이곳 알제리 땅에 이주하여 정착했고, 카뮈는 1913년에 알제리의 수도인 알제(Alger)에서 포도주 도매상을 하던 아버지와 스페인계 어머니 사이의 둘째 아들로 태어난 식민 3세대이다.

'식민지 알제리에서 태어난 프랑스인'이라는 지위는 카뮈라는 작가의 작품 세계에 많은 영향을 끼치는 중요한 요인이다. 그가 1957년 노벨문학상을 수상할 때 한 대학의 초청 강연에서 "당신은 왜 알제리 독립에 찬성하지 않는가"라고 비난하는 도발적인 질문을 받고 "나는 정의를 믿지만, 정의에 앞서 내 어머니를 지킬 것이다"라고 답변한 사건은 유명한데, 이 답변 속에서 우리는 카뮈에게 있어서 알제리라는 나라가 지니고 있는 남

다른 의미를 잘 느낄 수 있다.

노벨상을 수상하던 1957년은 알제리가 프랑스를 상대로 개시한 독립 전쟁이 절정에 달한 시기였고, 알제리 독립을 놓고 프랑스 사회는 둘로 갈라져 정치적으로 아주 민감한 때였다. 수상식 다음 날 있었던 그 강연에서 발언권을 신청한 한 알제리 청년이 "당신은 동유럽 나라들을 위한 탄원서에는 서명하면서 알제리를 위해서는 3년 전부터 서명한 적이 없다"고 카뮈를 비난하자, 그는 청년에게 "나는 언제나 테러를 비난해 왔다. 나의 어머니와 가족을 해칠지도 모르는 테러리즘에 대해서도 비난하지 않을 수 없다"고 하면서 정의를 빙자한 폭력에 반대한다는 취지로 한 답변이었다. 그러나 '정의보다 어머니'라는 이 발언은 알제리나 프랑스 지식인들 사이에서는 카뮈가 알제리 대신 자신의 어머니를 선택한 자라고 곡해되어 온갖 공격을 받게 된다. 하지만 "정의보다 나의 어머니가 우선이다"라는 이 말은, 독립이라는 명분으로 자신의 어머니가 타고 있을지도 모르는 전철에 폭탄을 던지며 무모하게 테러를 일삼는 알제리 무장 세력들의 테러리즘을 반대하는 카뮈식의 휴머니즘을 요약한 표현으로 해석된다.

그러나 카뮈의 답변을 좀 더 깊이 들여다보면, 카뮈에게는 자신이 태어나고 스물일곱 살까지 살았던, 그리고 여전히 어머니와 가족들이 살고 있는 알제리라는 나라가 프랑스에 사는 보통의 프랑스인들에게서처럼 쉽게 독립시켜 잘라내 버릴 수 있는 공간이 아니었음을 알 수 있다. 비록 프랑스인 아버지의 성을 물려받았지만, 카뮈에게 알제리는 그를 낳아주고 길러준 어머니의 나라로서 자신의 뿌리이고 고향 땅이라는 특수한 개인적인 의미가 묻어있다. 카뮈가 알제리 독립을 둘러싼 정치적 공방 속에서 프랑스 본토 출신 지식인이나 알제리 사람들로부터 많은 오해를 받게 되는 것도 알제리 출신 프랑스인이라는 개인적인 상황에서 기인하는 것이다. 사람들은 카뮈의 소설 제목인 '이방인'이라는 단어에서 이러한 양가적인 입장이 표현된 정치적 함의를 읽어내기도 한다.

카뮈의 첫 작품인 〈이방인〉도 배경이 알제리의 수도인 알제(Alger)이고, 5년 후에 발표된 〈페스트〉의 공간도 알제리의 항구 도시 오랑(Oran)이다. 하지만 두 작품 모두 등장인물들의 구성만 살펴보면 거의 프랑스인들로만 되어있어서, 알제나 오랑이라는 지명이 알제리의 도시명이라는 것을 모르는 독자들이 볼 때는 프랑스의 어떤 고장에서 벌어진 전형적인 프랑스 소설로 생각될 수도 있을 것이다.

카뮈는 이 알제리 땅에서 가난한 어린 시절과 학창 시절을 보내고, 대학까지 마치게 된다. 축구를 좋아해서 알제 대학 축구팀에서 골키퍼로 맹활약했다는 당시 대학 신문 기사가 남아있기도 한데, 열일곱 살 때 갑자기 폐결핵 진단을 받고 더 이상 축구도 못 하게 된다. 건강상의 문제로 가고 싶었던 고등사범학교로의 진학을 포기하고, 알제 대학에서 스물세 살이던 1936년에 철학 학위까지 받는다. 스물한 살 때 이미 첫 번째 결혼을 했다가 2년 만에 이혼하기도 했고, 공산당에 가입했다가 곧 제명되기도 한다. 친구들과 '노동극단'이라는 연극단체를 창단하여 순회공연과 온갖 아르바이트를 하며 생계를 이어갔고, 스물네 살이던 1937년 《알제 레퓌블리캥(Alger Républicain)》이라는 신문의 편집 기자로 활동하면서 작가로서의 글쓰기도 이어간다. 스물여섯 살(1939년)에 첫 산문집인《결혼》을 알제의 한 출판사에서 출간하였고, 스물일곱 살인 1940년에 오랑 출신 수학 교사인 프랑신 포르(Francine Faure)와 두 번째 결혼 후 오랑에 정착하여 살게 된다.

이 당시가 벌써 제2차 세계대전이 시작된 시기여서, 카뮈는 1940년 초에 파리에서 기자 생활을 하기도 하지만 그해 6월에 독일군이 파리를 점령하자 피난하여 다시 오랑으로 돌아와야 했다. 오랑에서 〈이방인〉을 비롯한 초기 작품들을 탈고하여 출판 편집자들에게 보내고, 이때부터 벌써 다음 소설인 〈페스트〉를 준비하게 되는데, 마침 1941년 여름에 오랑을 중심으로 알제리 북부에 티푸스라는 전염병이 창궐하여 〈페스트〉 창작에 반영되기도 한다.

1942년 서른이 채 안 된 나이에 〈이방인〉을 발표했고, 그 이듬해《시지프 신화》를 갈리마르 출판사에서 출간한다. 〈페스트〉의 집필을 이어가던 1942년 겨울, 연합군이 모로코와 알제리에 상륙하자, 독일군이 그간 해방구로 남겨두었던 프랑스 남부 지역을 점령하면서 프랑스 본토와 알제리 사이의 연락이 완전히 두절된다. 이때 카뮈의 아내는 프랑스 남불 지역에서 휴양 중이었는데 갑자기 연락이 끊겨서, 카뮈는 아내와 헤어진 채 여러 달을 보내게 되고, 이 당시의 심정도 〈페스트〉에 많이 반영되어 있다. 그래서 한때 카뮈는 이 소설에 '페스트' 대신 '헤어진 사람들'이라는 제목을 붙일 것을 고려하기도 했다.

전쟁이 막 끝난 1947년에, 약 7년여간의 집필을 통해 완성된 〈페스트〉가 발표되고 상업적으로 대대적인 성공을 거둔다. 이때부터 카뮈는 전후 세대를 대표하는 작가로서, 그리고 지식인으로서 장폴 사르트르(Jean-Paul Sartre)와 함께 시대의 중심에 서게 된다. 1956년 세 번째 소설 〈전락〉을 발표하면서 그 이듬해에 "오늘날 인간의 의식에 제기되고 있는 제반 문제들에 빛을 던지는 작품들"이라는 평가와 함께 노벨 문학상을 수상한다. 이후 〈최초의 인간〉이라는 자서전적 작품을 준비하던 중, 작가로서 한창 전성기를 누리던 1960년에 불의의 교통사고로 47세의 생애를 마감한다.

이렇게 간략하게 간추려 본 작가의 생애 중에서 카뮈를 이해하는 데 있어서 우리가 특히 주목해야 할 지점은 바로 그가 17세의 나이에 폐결핵에 걸려 죽음의 문턱을 넘나들면서, 일찍부터 죽음에 대한 인식이 남달랐다는 점이다. 이 시기에 싹튼 인간의 죽음에 대한 명철한 인식으로부터 모든 카뮈의 사상이 시작된다.

2 부조리의 철학

건강한 축구 선수로 활약하던 열일곱 살의 젊은 나이에 돌연 폐결핵에 걸린 카뮈는 일찍부터 죽음의 위협 앞에 놓이게 되는데, 이로부터 카뮈의 모든 작품 활동의 바탕이 되는 그의 부조리 사상이 싹트게 된다.

흔히 사람들은 당시 전후 세대 지식인을 대표하는 사르트르나 보부아르와 함께 카뮈를 실존주의 작가로 간편하게 분류하기도 하는데, 사실 사르트르의 실존주의와 카뮈의 실존주의는 많이 다르다. 사르트르의 실존주의를 요약하는 말이 "실존은 본질에 선행한다"라면, 카뮈식 실존주의를 요약하는 표현은 바로 "부조리의 철학"이다. 이들은 공통적으로 인간은 죽는다는 사실에 대한 직시로부터 그들의 사유를 시작한다.

'부조리'라는 말은 프랑스어로 "absurde"라는 단어를 우리말로 옮긴 것인데, 의미상으로는 한국어나 프랑스어 모두 "이치에 맞지 않는, 논리적으로 이해할 수 없는" 상황을 가리킬 때 쓴다. 다만 한국어에서는 '부조리'라는 말이 "사회적 부조리", 혹은 "부조리한 제도" 등과 같이 어떤 비리와 관련한 도덕적인 의미로 주로 쓰이는 반면, 프랑스 사람들에겐 이 형용사가 일상어에서 아주 많이 쓰이는 말이라는 점에서 조금 어감이 다를 수 있다. 프랑스 사람들이 일상적으로 "c'est absurde!"라는 표현을 쓸 때는 우리말로는 "말도 안 돼!" 정도로 옮기면 비슷한 의미를 전달할 수 있다. 가령 어제까지 함께 식사하고 뛰놀던 친구가 갑자기 오늘 아침 교통사고를 당했다는 소식을 들었을 때 우리는 이런 표현을 통해 황망하고 잘 납득하기 어려운 심정을 표현할 수 있다. 인간의 죽음, 특히 자기 자신의 죽음 앞에서 "뭐라고? 말도 안 돼!"라고 말하고 싶은 이런 감정을 표현하고자 카뮈가 사용하는 용어가 바로 '부조리'이다.

태양이 작열하는 지중해 푸른 바닷가에서 혈기 왕성하게 뛰놀며 친구들과 하루 종일 축구를 즐기던 열일곱 살의 카뮈가 어느 날 갑자기 의사로부터 폐결핵 진단을 받고서 "당신은 이제 곧 죽게 됩니다"라는 말을 들었을 때의 품게 된 것이 바로 이 '부조리'의 감정이다. 인간이 죽어야 한다는 사실, 그것도 내가 죽는다는 사실은 어느 누구도 받아들이기 어려운 것이다. 더구나 그 인간이 젊으면 젊을수록, 생의 활기가 넘치면 넘칠수록 갑작스런 자신의 죽음과 직면했을 때의 부조리한 감정은 더욱 커진다. 카뮈는 일찍부터 이러한 죽음의 문제에 민감했고, 인간이 이러한 부조리한 상황을 만나게 되면 어떻게 해야 하는가에 대해서 근원적인 질문을 던진다. 인간은 태어날 때부터 이미 죽음을 향해 내던져진 상태이고, 우리가 습관에 젖은 생활 속에서 그것을 인시하지 못하고 있었을 뿐, 그 죽음은 언제나 우리와 함께 있다는 사실을 어느 날 문득 깨닫는 순간이 있다. 우리가 죽음과 함께하고 있다는 이 부조리한 상황을 의식하게 되었을 때 우리는 어떻게 처신해야 하는가?

이에 대한 해답을 제시하고 있는 책이 〈이방인〉과 함께 집필되어 출간된《시지프 신화》라는 철학 에세이이다. 대학에서 철학을 전공했던 카뮈는 자신의 소설을 발표하면서 항상 그 소설에 대한 일종의 해설서라고 할 만한 철학 에세이를 함께 발표했는데, 소설 〈이방인〉에 대한 해설서가 바로《시지프 신화》이다. 비록 서른 살의 나이에 발표한 작품이지만, 이 작품으로 카뮈는 전후 세대의 젊은이들에게 사르트르와 더불어 '사상적 스승'으로 대접받게 된다.《시지프 신화》의 첫 문장은 이렇게 시작한다.

참으로 진지한 철학적 문제는 오직 하나뿐이다. 그것은 바로 자살이다. 인생이 살 가치가 있느냐 없느냐를 판단하는 것이야말로 철학의 근본 문제에 답하는 것이다. (《시지프 신화》, 15)

이런 도발적인 문장으로 시작한 이 글은, 우리가 언젠가는 죽어야 한다면, 우리는 모두가 사형언도를 받은 사형수들인데, 이 부조리한 상황 속에서 과연 어떤 선택을 해야만 하는가라는 질문을 던지고 그에 대한 해답을 제시한다. 습관적인 삶 속에서 아무 문제 없이 잘 작동하는 것 같던 나의 세계가 어느 날 문득 멈춰서는 일이 생긴다.

무대 장치가 문득 붕괴되는 일이 있다. 아침에 기상, 전차로 출근, 사무실 혹은 공장에서 보내는 네 시간, 식사, 전차, 네 시간의 노동, 식사, 수면 그리고 똑같은 리듬으로 반복되는 월, 화, 수, 목, 금, 토. 이 행로는 대개의 경우 어렵지 않게 이어진다. 다만 어느 날 문득, "왜?"라는 의문이 솟아오르고 놀라움이 동반된 권태의 느낌 속에서 모든 일이 시작된다. (29)

문득 내가 "왜 살고 있지?", "내 인생은 살 가치가 있는가?"라는 질문이 제기되면, 인간에겐 세 가지 선택의 길이 놓여있다. 첫째는 자살을 통해 육체적으로 포기하는 도피이고, 둘째는 정신적 비약을 통한 도피이며, 셋째는 반항이다.

두 번째 선택지인 정신적 비약을 통한 도피는 '내세에 대한 희망'을 통해 현세의 삶의 부조리한 상황을 벗어나려는 시도로서 우리가 종교적 구원이라고 부르는 것이다. 사르트르와 카뮈의 공통점 중의 하나가 바로 종교적이고 신학적인 해결책을 철저히 거부하는 것인데, 이 거부는 종교 자체를 부정하는 것과는 다르다. 카뮈는 신 자체를 부정하지는 않는다. 다만 인간이 죽은 뒤에 천당과 지옥이 있는지, 내세가 있는지 없는지는 우리가 알지 못한다고 말한다. 따라서 그 존재 여부를 확인할 수도 없는 죽음 이후의 내세의 삶을 위해, 지금 내가 눈으로 생생하게 확인할 수 있고 나의 살과 피를 가지고 살고 있는 이 현세의 행복을 희생할 수는 없다고 주장한다. 〈페스트〉에는 이러한 종교적 구원을 통해 페스트를 극복해야 한다는 판늘루 신부라는 인물이 나온다. 이 판늘루 신부의 회개와 구원의 논리에 맞서 의사 리외는 현실에 충실한 카뮈의 입장을 대변하고 있다.

자살도 거부하고 내세의 희망도 거부한 인간의 세 번째 선택지는 바로 반항이다. 인간이 죽는다는 부조리한 상황은 우리가 그 상황으로부터 도피하거나 제거할 수 있는 것이 아니라서, 우리가 살아있는 한 언제나 명철한 의식으로 그것을 직시하며 함께 부둥켜안고 가야 한다고 카뮈는 말한다.

> 산다는 것은 곧 부조리를 살려 놓는 것이다. 부조리를 살린다는 것은 무엇보다 먼저 부조리를 주시하는 것이다. (83)

우리는 언젠가 죽을 수밖에 없고, 그렇다면 있는지 없는지도 확인할 수 없는 사후의 영생을 위해 금욕 생활을 한다거나 수도승처럼 지내는 삶을 선택할 것이 아니라, 당장 내일이라도 내가 죽을 수 있다는 마음가짐으로, 내일 사형을 당하게 될 사형수의 마음으로, 오늘 일분일초를 최선을 다해서 열심히 살아내겠다는 메시지로 이 '반항'이라는 선택을 이해할 수 있다. 반항은 삶의 부조리에 대한 끊임없는 항의와 거부이다. 그리고 이 반항은 곧 자유로 이어진다. 희망도 내일도 없는 자신의 조건을 확실하게 깨달은 순간으로부터 우리는 습관적 무대장치로부터 해방된 철저한 자유를 의식하게 된다.

'죽음'이란 것은 삶의 의미를 완전히 무화시키고 모든 가치의 우열을 없애버린다. 내가 내일 죽는다는데 오늘의 나의 직업이라든지 나의 외모나 재산 같은 것이 무슨 의미가 있겠는가? 부조리에 대한 명철한 의식이 지배하는 곳에서는 가치의 척도는 무용한 것이 된다. 그렇게 되면 중요한 것은 어떤 가치 있는 삶을 살았느냐라는 '질'의 문제가 아니라, 얼마나 많은 삶을 살았느냐, 살아있는 나의 생명을 얼마나 많이 느끼면서 살았느냐라는 '양'의 문제로 바뀌게 된다. 카뮈는 유한한 인생을 최대한 '많이' 살기 위해, 자신에게 주어진 삶의 기회를 남김없이 소진하는 인간을 추구한다. 그것은 돈후안같이 육체적 사랑에 자신을 불태우는 인간일 수도 있고, 배우들처럼 모든 삶들을 자신의 육체를 통해 경험하는 인간일 수도 있고, 소설가처럼 글을 통해 세계를 창조하는 인간일 수도 있다. 〈페스트〉 속의 인물들 중에서 한 여인과의 사랑만이 자신이 세상에 태어난 이유라고 말하는 랑베르 같은 인물(〈페스트〉, 115: "저는 (…) 오히려 어떤 여자하고 살기 위해서 세상에 태어난 것 같

〈시시포스(Sisyphus)〉(프란츠 폰 슈투크, 1920)

습니다.")에게서 이런 카뮈의 사상을 엿볼 수 있다.

카뮈는 이처럼 부조리를 떠안고 반항하는 인간의 모습이 시지프(Sisyphe, 그리스어 '시시포스')라는 신화적인 인물의 이미지 속에 가장 잘 드러나 있다고 보았다. 시지프는 인간들 중에서 가장 현명하고 가장 신중한 자였으나 신들을 농락한 죄로 붙잡혀, 지옥에서 끊임없이 굴러떨어지는 돌을 산꼭대기까지 다시 굴려 올리는 영겁의 형벌을 받는 신화 속 인물이다. 신들은 너무나 영리한 그가 아예 딴 생각을 할 겨를이 없도록 그에게 이 끝없는 무용한 작업의 형벌을 부가했다고 전해진다.

카뮈는 이 시지프를 부조리한 영웅이라고 말한다. 땀과 진흙으로 범벅이 되어 온 힘을 다해 거대한 돌덩어리를 산꼭대기로 밀어 올려놓으면 그 바위는 바로 다시 산비탈 아래로 굴러떨어지고 그러면 다시 저 밑에서부터 끝없이 같은 일을 다시 시작해야 하는 부조리한 형벌을 감내하고 있는 시지프, 이 시지프의 이미지는 바로 인간이 자신의 죽음을 직시하면서 인간 현실의 부조리를 온몸으로 떠안고 있는 바로 그 이미지이다.

카뮈는 그때그때 즉흥적으로 주제를 선택하여 작품을 쓰는 작가가 아니었다. 이십 대의 젊은 시절부터 자신이 쓸 작품들에 대한 구체적인 청사진을 지니고서 자신의 작품 세계를 체계적으로 구축해 나갔다. 카뮈는 인간 현실의 부조리를 세 가지 형식의 글쓰기를 통해서 입체적으로 전달하고자 한다. 그 세 가지 형식이란 '소설'과 '연극작품'과 '철학 에세이'인데, "철학 에세이는 설명하고, 소설은 묘사하고, 연극은 몸짓과 움직임 속에서 체험되는 갈등을 행동으로 표현한다"고 카뮈는 말하고 있다. 부조리를 주제로 다루던 시절, 《시지프의 신화》에서 주장한 철학을 소설의 형태로 표현한 것이 〈이방인〉(1942)이고, 그것을 연극의 형태로 표현한 것이 〈칼리굴라〉(1945)와 〈오해〉(1945)라는 작품이었다.

카뮈의 모든 작품은 하나의 일관된 질문, 즉 "어떻게 살아야 하는가"라는 질문을 던지고 그에 답하려는 끊임없는 노력이다. 그 작품들은 그의 성찰과 행동방식의 궤적을 드러내 보여주기 때문에, 그가 전체적으로 어떤 구상을 가지고 작품 활동을 진행했는지를 아는 것이 개별 작품을 이해하는 데에도 큰 도움이 된다. 1957년 노벨문학상을 받았을 때 카뮈는 자신의 작품 세계를 이렇게 설명했다.

> 나는 처음 시작 때부터 내 작품 세계의 정확한 계획을 세우고 있었습니다. 나는 우선 부정(否定, négation)을 표현하고자 했습니다. 세 가지 형식으로요. 그것이 소설로는 〈이방인〉, 연극으로는 〈칼리굴라〉와 〈오해〉, 사상서로는《시지프 신화》였습니다. (…) 나는 또 세 가지 형식으로 긍정(positif)을 표현하기로 예정하고 있었습니다. 소설로는 〈페스트〉, 연극으로는 〈계엄령〉, 〈정의의 사람들〉, 그리고 사상서로는《반항하는 인간》이 그것이었습니다. 나는 그때부터 벌써 사랑의 주제를 중심으로 하는 세 번째 층도 막연하게나마 생각했었지요.

이를 표로 나타내면 다음과 같은데, '부정'에서 '긍정'으로, 다시 '긍정'에서 '사랑'으로 넘어가는 세 단계의 시기가 있고, 각각의 단계는 세 가지 다른 형태의 글쓰기, 즉 소설과 극작품, 그리고 이를 사상적으로 설명해주는 철학적 에세이로 이루어진다.

		소설	철학 에세이	희곡
부정	1단계 순환 고리 (부조리의 시기)	〈이방인〉(1942)	《시지프 신화》(1943)	〈오해〉(1945) 〈칼리굴라〉(1945)
긍정	2단계 순환 고리 (반항의 시기)	〈페스트〉(1947)	《반항하는 인간》 (1951)	〈정의의 사람들〉 (1950)
사랑	3단계 순환 고리(미완성) (한계, 절도, 중용)	〈전락〉(1956) [〈최초의 인간〉]	[《네메시스의 신화》]	[〈동 파우스트〉]

'부정', '긍정', '사랑'으로 이어지는 이 단계를 카뮈는 세 단계의 '사이클(cycle)', 우리말로 옮기자면 세 단계의 '순환 고리'로 지칭하기도 하는데, '부정'의 시기는 다른 표현으로 '부조리'의 시기, '긍정'의 시기는 '반항'의 시기 그리고 '사랑' 은 '한계나 중용'의 시기에 해당한다.

각 시기별로 카뮈는 세 가지 형태의 글쓰기를 통해 그 사상을 표현하였고, 앞서 살펴본《시지프 신화》는〈이방인〉,〈칼리굴라〉,〈오해〉와 더불어 첫 번째 '부조리 시기'에 해당하는 작품이다. 이 작품들은 전쟁 중에 집필되어 해방 후에 출간되었기 때문에 그 출판 연도와는 조금 어긋나지만, 대략 이 시기를 카뮈가 스물두 살이던 1935년부터〈이방인〉이 출간되는 1942년에 해당하는 약 7년간의 기간으로 볼 수 있다.

부조리의 순환 고리를 완성한 카뮈는 바로 다음 단계인 '반항의 시기'로 넘어간다. 인간은 부조리의 인식만으로는 살아갈 수 없기에 반항이 반드시 필요하다. 소설로는〈페스트〉, 연극으로는〈정의의 사람들〉과〈계엄령〉, 그리고 철학서로는《반항하는 인간》이 이 시기를 표현한 작품들에 해당한다. 이 작품들이 구상되고 발표된 시기는 카뮈가 독일 점령군에 대항하여 레지스탕스 운동에 가담한 1941년부터《반항하는 인간》이 발표되는 1951년 사이의 약 10년간이다. 이《반항하는 인간》발표 이후 카뮈는 파리 중심의 프랑스 지식인들과 큰 논쟁을 벌이고, 그 여파로 사르트르 등과 결별한 뒤 홀로 자신의 창작 활동에만 몰입한다.

그리고 세 번째 시기의 주제는 사랑인데, 이는 부조리와 반항에 이은 논리적 성찰의 결과라고 볼 수 있다. 앞서 우리는 인간이 죽음과 맞선 부조리한 상황에 대해 명철한 의식을 지니게 되면 모든 가치의 척도는 무용하게 되고, 중요한 것은 살아있는 나의 생명을 최대한으로 느낄 수 있게, 최대한 많이 살 수 있도록 자신에게 주어진 삶의 기회를 남김없이 소진하는 반항적인 인간이 되어야 한다고 했다. 그런데 얼마나 가치 있는 삶을 살았느냐 보다 얼마나 많이 살았느냐가 더 중요하다는 '양적인 철학'을 강조하다 보면, 그럼 아무렇게나 살아도 많이만 살면 된다는 말인가라는 질문에 부딪힌다. 온갖 사랑을 다 해보겠다고 희대의 문란한 방탕아가 된다든지, 아니면 내가 하고 싶은 대로 다 해보겠다고 타인의 희생이 따르는 온갖 범죄를 다 저지르며 살아도 된다는 말인가? 여기서 카뮈는 자유에도 한계가 있다고 말한다. 나의 자유의 행사에는 한계와 절도(節度)가 있어야 하고, 중용을 지켜야 한다고 말한다.

카뮈는 자신의 세 단계의 구상을 신화 속 인물을 통해 상징적으로 표현하기를 즐겼는데, 부조리의 시기를 대표하는 신화 속 인물이 시지프라면, 반항의 시기를 대표하는 인물은 프로메테우스(Prométhée)였고, 마지막 세 번째 단계의 '한계'를 강조하는 신으로는 네메시스(Némésis)를 내세운다. 네메시스는 한계와 절도의 신으로, 오만한 자들이 신들과 경쟁하려는 것을 감시하여, 지나친 행복을 누리는 인간들이나 지나치게 오만한 왕들을 벌하는 역할(그래서 종종 복수의 여신들[Érinyes]과 혼동되기도 한다)을 한다.

이처럼 절제와 중용을 강조하는 세 번째 단계를 위해 카뮈가 구상했던 작품은, 소설 〈전락〉과 〈최초의 인간〉(사후 출간), 연극으로 〈동 파우스트〉(구상), 철학서로 《네메시스의 신화》(구상)가 있었으나, 1956년 발표된 소설 〈전락〉만이 완성되었을 뿐 나머지 작품들은 1960년 카뮈의 갑작스러운 죽음으로 중단된다. 교통사고로 죽을 당시 카뮈가 지니고 있던 가방 속에서 그의 자전적 소설 〈최초의 인간〉의 집필 중인 원고가 들어있었는데 이것은 미완성 형태로 1994년에 사후 출간되었다. 비록 카뮈가 구상했던 이 세 번째 단계의 '사랑'의 순환 고리가 완성되지는 못했지만, 우리가 읽는 〈페스트〉 속에서 그 어렴풋한 모습을 짐작해 볼 수는 있을 것이다.

3 반항의 소설 〈페스트〉

소설 〈페스트〉는 카뮈에게서 반항의 단계를 대표하는 소설이다. 소설은 "이 연대기가 주제로 다루는 기이한 사건들은 194×년 오랑에서 발생했다"(〈페스트〉, 11)라는 첫 문장으로 시작한다.

'실제로 있었던 사실들을 시간적 순서에 따라서 기술한 기록'을 뜻하는 '연대기'라는 말로 독자를 끌어들이면서 소설은 구체적인 사건 발생 시간과 장소를 먼저 밝히고 있다. 전체 5부로 구성된 소설은 발단-전개-위기-절정-결말의 구조를 지닌 고전 비극의 5막 구성을 연상시키고, 마치 연극에서 무대의 막이 올라가면 무대 위에 차례로 주요 등장인물들이 등장하듯, 〈페스트〉에서도 1부 1장에서 오랑이라는 공간엔 대한 묘사 후에 바로 주요 등장인물들이 차례로 모두 등장한다. 그리고 소설은 전염병이 진행되는 과정을 따라서 시간 순서대로 기술된다. 이러한 고전적인 구성은 복잡하고 난해한 글쓰기를 추구하는 현대식 소설과 달리 읽는 독자들을 편안하게 소설 속에 몰입시켜, 읽는 사람이 전개되는 사건 속 인물들의 행동을 차분하게 따라갈 수 있게 해준다. 이런 고전적인 요소들이 이 작품의 지속적인 인기의 원인 중 하나임은 분명하다.

그런데 첫 문장에 '연대기'라든지 '194×년'이라는 시간지표, 그리고 '오랑'이라는 구체적인 공간지표가 나와있지만 소설을 읽고 나면, 이 소설은 매우 상징적인 소설로 느껴진다. 연대기라고는 했지만 실제로 역사상 존재하지 않았던 팬데믹 상황을 허구적으로 서술하고 있으며, 시간적으로도 사건이 진행되는 1년 동안의 날씨나 계절적인 지표만 유효할 뿐 그것이 1900년이든 2022년이든 상관없을 정도로 보편적인 시간을 지향하고 있다는 것을 알 수 있다. 그리고 오랑이라는 실제 존재하는 공간도 "전 세계 각지에 있는 수많은 상업 도시들"과 쉽게 구분되지 않는 "중성적인 장소"(11)로 묘사되어 있다. 페스트 발병으로 순식간에 감옥처럼 완벽하게 고립될 수 있는 지형으로 그려진 이 오랑 시에 대한 묘사에서 눈에 띄는 대목은 다음과 같은 구절이다.

> 우리 도시에서 더 독특한 점이 있다면 그것은 죽음에 이르러 겪는 어려움이다. (…) 오랑에서는 지나치게 거센 기후라든가, 거기서 거래

하는 사업의 중요성, 장식의 무의미함, 순식간에 져버리는 황혼, 쾌락의 질적인 특성 같은 그 모든 것들이 한결같이 건강을 요구한다. (13-14)

즉 병을 앓는 사람들이 편안하게 휴식하며 요양할 수 있는 그런 도시들과는 달리 오랑이라는 장소는 너무나 생의 활기가 넘쳐나서 그만큼 죽음 자체가 불편한 공간이고, 그만큼 죽음이 들이닥쳤을 때 그 속에 갇힌 사람들의 부조리의 감성이 극대화될 수 있는 공간으로 묘사되어 있다. 이처럼 〈페스트〉가 보편적인 시간과 중성적인 공간을 배경으로 하고 있다는 말은 곧 카뮈가 이 소설 속 드라마에 시간을 초월한 보편적인 의미를 부여하겠다는 의지로 읽을 수 있다. 즉 페스트의 이야기를 언제 어디서 누가 읽어도 만인에게 보편적으로 적용될 수 있는 하나의 현대적인 우화로 만들겠다는 작가의 계산이 들어있는 것이다.

사실 〈페스트〉는 2차 세계대전의 경험과 결부시켜 읽어보면 그 전체적인 의미가 훨씬 쉽게 들어온다. 갑자기 덮친 '페스트'는 '전쟁'의 알레고리이고, 구체적으로는 카뮈가 직접 겪었던 2차 대전 당시 '나치즘'을 상징하는 것으로 읽을 수 있다. 그래서 작품 속의 '페스트'를 '전쟁'으로 바꾸어 놓고 읽어도 잘 읽힌다. 예를 들어 제1부에서 페스트 상황임이 공식적으로 선포되기까지 아무도 그것이 페스트임을 단언하지 못하는 분위기는 전쟁 발발 초기 당시의 정치적 대응과 매우 유사하고, 제3부에서 페스트가 절정에 달했을 때 사망자들을 전동차에 실어 화장터로 나르고, 구덩이에 "여자 남자 가리지 않고 뒤범벅으로 포개어 묻어 버리"(231)는 장면 등은 아우슈비츠 수용소의 이미지를 떠올리지 않을 수 없다.

이러한 시간적 공간적 배경을 바탕으로 〈페스트〉에서 중점적으로 그려 보이고 있는 것은 이 부조리한 상황에 대처하는 각 인물들의 대응방식이다. 주요 등장인물들을 살펴보면 여섯 명 정도를 꼽을 수 있는데, (1) 이야기의 객관적인 증인이자 서술자로서 의사 베르나르 리외(Bernard Rieux)가 중심에 있고, 그 주변에 (2) 무의미한 삶의 자질구레한 일들을 관찰하고 기록하는 장 타루(Jean Tarrou), (3) 오랑에 취재차 왔다가 발이 묶여버린 신문 기자 레몽 랑베르(Raymond Rambert), (4) 우스꽝스럽지만 성실하게 자신의 위대한 소설을 쓰고 있는 시청 서기 조제프 그랑(Joseph Grand), (5) 박식하고 존경받는 예수회 신부 판늘루(le père Paneloux), (6) 그리고 페스트를 이용해서 암거래로 치부하다가 경찰에 체포되는 코타르(Cottard)라는 인물이다.

이 인물들이 페스트가 초래한 도시의 폐쇄와 생이별의 상황에 대응하는 방식은 세 가지 유형으로 나눌 수 있다. 첫 번째 유형은 페스트의 상황이 자신과는 상관없다는 듯이 개인적으로 행동하는 도피적 태도이다. 여기에 해당하는 인물은 코타르와 소설 전반부의 랑베르를 들 수 있는데, 랑베르는 소설이 진행되는 동안 진화하는 인물로서 개인적 행복만을 추구하는 전반부의 랑베르와 보건대와 함께 연대하는 후반부의 랑베르를 구분하여 살펴볼 필요가 있다.

우선 코타르는 첫 등장부터 시사적이다. 자기의 방문에다가 "들어오시오. 나는 목매달았소"(30)라고 쓰고 자살을 시도했던 이 인물은 《시지프 신화》에서 부조리한 상황을 육체적 포기를 통해 벗어나려는 자세를 지닌 인간 유형을 상기시킨다. 페스트가 휩쓸기 전에는 자살하고 싶을 정도로 고독하고 불행했던 이 인물은 페스트가 덮쳐와 모든 사람들이 다 불행해지자 오히려 자신은 그 속에서 살맛을 느끼는 그런 유의 인간이다. 페스트가 기승을 부리는 동안 암거래로 부를 축적하기도 하고, 급기야 소설의 결말 부분에서는 페스트가 물러나고 온 도시가 해방의 기쁨을 누리고 있을 때 이유 없이 시민들에게 총질하다가 경찰에게 끌려가는, 이 작품 속에서 유일하게 부정적인 인물이다. 이 인물을 통해서 독일군에게 점령된 프랑스 땅에서 적과 협력했던 부역자들의 이미지를 떠올리는 것은 자연스럽다.

페스트라는 공동의 부조리에 대해 도피적 태도를 취하는 또 다른 인물은 랑베르이다. 그는 "파리에 있는 어떤 큰 신문사 기자로 아랍인들의 생활 조건을 취재"(22)하러 왔다가 페스트로 오랑에 갇히자, 자신은 "이 고장 사람이 아니며"(117), "이 도시와 아무 상관이 없다"(115)면서 파리에 두고 온 연인을 만나기 위해 도시를 벗어날 방법을 백방으로 모색한다. 소설 후반부에서는 태도가 바뀌지만 전반부의 랑베르의 모습은 페스트로부터 어떻게든 도피하고자 하는 태도를 보이는 인물이다.

페스트에 대응하는 두 번째 유형의 태도는 판늘루 신부의 초월적 태도이다. 판늘루 신부는 《시지프 신화》에서 종교적 구원을 통해 삶의 부조리를 벗어나려는 시도를 구현한 인물이다. 어느 비바람 치는 일요일에 행한 그의 첫 번째 설교 장면에서, 판늘루 신부는 페스트가 사악한 인간들에게 내린 신의 '징벌'임을 역설하면서 재앙이 인간들에게 "구원으로 가는 길"(132)을 제시해 주고 있다고 주장한다. 하지만 카뮈가 그려내고 있는 인물들이 단순하고 평면적인 캐릭터가 아니라서, 판늘루 신부 역시 소설이 진행됨에 따라 진화한다. 그는 소설 속에서 세 번에 걸쳐 주요 장면에 등장하는데, 그의 첫 설교 장면, 그리고 오통 판사의 어린 아들이 고통 속에서 죽어가는 장면, 마지막으로 아이의 죽음 이후에 행한 그의 두 번째 설교와 투병 장면이 그것이다.

죄 없는 어린 아이가 너무도 고통스럽게 죽는 장면을 목도한 다음 신부는 첫 번째 설교에서 보여주었던 단호한 태도를 계속 견지하지 못하고, 신앙이 흔들리는 모습으로 묘사된다. 그의 두 번째 설교 이후 판늘루 신부는 전적으로 '신의 의지'에 의뢰하는 태도에서 벗어나 인간들 사이의 연대도 필요함을 인정하고, 자신도 타루가 소식한 보선대에 열성적으로 참여한다. 하지만 여전히 절망적으로 신앙에 매달리려 노력하면서, 그 자신이 병에 걸렸을 때는 리외의 간호와 치료를 거부하며 죽어간다. 판늘루 신부의 증상은 '애매'했고 그의 병명은 '미상'라고 리외는 기록하고 있다. 판늘루 신부는 의사 리외와의 언쟁을 통해서 초월적 태도와 반항적 태도의 차이를 선명하게 드러내 보이는 역할을 한다. 신부의 입장은 죄 없는 아이의 고통처럼 인간이 이해할 수 없는, 인간의 한계를 벗어나는 어떤 것이라도 우리가 수용해야 한다는 것이고, 의사 리외의 입장은 어떤 상황하에서도 우리는 모든 것을 인간조건 안에서 바라보아야 하며, 세상의 부조리를 강요하는 부당한 신에 대해 반항해야 한다는 것이다.

이러한 반항의 태도가 바로 페스트에 대응하는 세 번째 유형의 태도인데, 리외를 중심으로 타루와 그랑이 선택한 행동방식이다. 리외와 타루와 그랑은 모두가 어느 정도 카뮈 자신을 닮았으며 카뮈의 생각과 태도를 부분적으로 대변한다.

우선 리외는 오통 판사의 어린 아들이 고통 속에서 죽어가는 모습을 보고 우리가 이해할 수 없는 것도 사랑해야 한다고 말하는 판늘루 신부 앞에서 이렇게 따진다.

> 아닙니다, 신부님. (…) 어린애들마저도 주리를 틀도록 창조해 놓은 세상이라면 나는 죽어도 거부하겠습니다. (285)

리외는 판늘루 신부가 인간의 '구원'을 이야기할 때 자신이 관심을 두는 것은 인간의 구원이 아닌 인간의 '건강'이라고 받아친다. 우리가 앞서도 이야기했듯이 카뮈에게는 사후 세계가 의미가 없다. 중요한 것은 지금 건강하게 살아서 영위하고 있는 현세의 인간적인 삶이다. 리외는 신을 믿지 않는다고 단언하면서, 살아있는 인간이 병들어 실제적으로 겪게 되는 비참과 고통에 비추어 생각해 본다면, 신부의 말대로 "체념하고서 페스트를 용인한다는 것은 미친 사람이나 눈먼 사람이나 비겁한 사람의 태도일 수밖에 없"(169)다고 말한다. "세계의 질서가 죽음에 의해 좌우되는 것이니만큼" 이러한 죽음의 질서를 창조해 놓은 신이라면, 그가 창조해 놓은 "있는 그대로의 세계"(170)를 거부하며 투쟁함으로써 진리의 길을 걸어갈 수 있다고 생각하는 인물이다.

이러한 리외 옆에서 페스트와의 투쟁을 통한 반항을 구체화시키는 인물은 타루이다. 타루는 이 소설의 이야기를 끌고 가는 보조 기록자로서 작은 수첩을 들고 다니며 리외가 관찰하지 못한 자질구레한 에피소드들의 목격자 역할을 한다. 보건대를 이끌며 누구보다 열심히 페스트와 싸웠지만, 동시에 페스트가 막바지에 이르러 모든 것이 마침내 인간의 승리로 결말날 즈음 돌연 그는 페스트에 희생되어 생을 마무리하는 인물이다. 그래서 어찌 보면 죽음과의 싸움에서 패배할 수밖에 없는 부조리한 운명을 타고난 인간을 상징하는 인물로, 바윗덩이가 결국 굴러떨어질 줄 알면서도 기어이 부둥켜안고 밀어올리고 있는 시지프의 이미지에 가장 흡사한 인물이기도 하다. 그와 리외는 "신이 그렇게 침묵하고만 있는 하늘을 쳐다볼 것이 아니라 있는 힘을 다해 죽음과 싸워야" 한다는 것에 동의하면서도, 그 싸움은 "끝없는 패배"를 의미하고, 승리는 "언제나 일시적인 것"임을 잘 알고 있지만, "그것이 싸움을 멈출 이유는 못 된다"(172)고 말하고 있는 인물들이다.

등장인물들의 이름을 보면 카뮈가 그 인물 속에 부여하고자 했던 의미를 추측해 볼 수도 있는데, '리외(Rieux)'의 이름에서 첫 철자 R을 D로 바꾸면 'Dieux', 바로 '신'이라는 의미가 되고, '타루(Tarrou)'라는 이름은 '흙, 땅, 지면'을 의미하는 'Terre'라는 단어에 자신의 이름 'Camus'의 모음 부분을 합쳐서 만든 것처럼 보인다. 그래서 리외가 판늘루 신부와 논쟁을 벌이는 신학적인 입장에서 작가의 생각을 대변하고 있다면, 타루는 가장 인간적인 모습으로 작가의 입장을 대변하고 있는 듯하다.

타루는 "직접적이건 간접적이건, 좋은 이유에서건 나쁜 이유에서건 사람을 죽게 만들거나 또는 죽게 하는 것을 정당화하는 모든 걸 거부하기로 결심"(329)한 휴머니스트이다. 웬만한 인간의 과오들은 이해할 수 있어도 "어린아이들 그리고 인간들을 죽이는 것에 대해서 마음속으로 옳다고 긍정하는"(394) 행위는 절대 용납될 수 없다고 말하는 타루는 작가로서의 카뮈가 줄곧 주장해 온 생각을 대변하는 인물이다.

리외, 타루와 함께 반항을 택한 세 번째 인물인 조제프 그랑은 다소 의외라고 생각될 수도 있을 것 같다. 그만큼 작품 속에 묘사된 그랑의 모습은 리외나 타루와 같은 어떤 영웅적인 멋짐이 부족해 보인다. 하지만 카뮈는 이 인물에게 프랑스어로 '위대한' 혹은 '큰'이라는 의미의 'Grand'이라는 이름을 붙이고, 가장 호의적으로 이 인물을 그리고 있다.

초라한 외모에 어리석어 보일 정도로 순진한 시청 하급 공무원 그랑은 "영웅적인 점이라고는 전혀 없는"(179) 나이 든 인물이지만, 보건대의 서기 역할을 하면서 "리외나 타루 이상으로 보건대를 살아 움직이게 하는 그 조용한 미덕의 실질적 대표자"였다고 묘사되고 있다. 가난과 결혼 생활에 지쳐 그를 떠나가 버린 아내를 절절히 그리워하면서도, 그랑이 삶에서 가장 중시하는 것은 자기가 의도하는 바를 표현하기 위한 '정확한 단어 찾기'이다. 사람들 앞에서 어떤 단어를 골라서 말을 해야 할지 몰라 항상 두려워하고, 퇴근 후엔 자신의 작품을 쓰기 위해 안간힘을 쓰지만 너무 완벽주의라서 계속해서 첫 문장을 다시 쓰면서 더 이상 진도를 나가지 못하는 그의 성향은 다소 우스꽝스럽게 그려지고 있다. 하지만 카뮈는 이 그랑이라는 인물에 대해 "진정한 영웅"이라고 말한다.

> 그렇다, 인간이 소위 영웅이라는 것의 전례와 본보기를 세워 놓고 싶어 하는 것이 사실이라면, 그리고 반드시 이 이야기 속에 한 사람의 영웅이 있어야 한다면, 서술자는 바로 이 보잘것없고 존재도 없는 영웅, 가진 것이라고는 약간의 선량한 마음과 아무리 봐도 우스꽝스럽기만 한 이상밖에는 없는 이 영웅을 여기에 제시하고자 한다. (184)

그랑은 글을 쓰는 작가로서의 카뮈를 대변한다고 볼 수 있다. 《시지프 신화》에서도 부조리를 인식한 인간이 자신의 삶을 남김없이 소진하는 반항적 인간의 한 유형으로서 글쓰기를 통해 세상을 창조하는 예술가를 들고 있다. 언제나 '적절한 말'을 찾는 데 고심하는 그랑은 '선량한 마음'과 더불어 '우스꽝스러운' 형태로나마 하나의 '이상'을 대표하는 일종의 예술가를 상징하는 인물이다.

〈페스트〉는 이처럼 카뮈에게서 두 번째 순환 고리에 해당하는 '반항의 단계'를 형상화한 소설이다. 그리고 그 다음 순환 고리인 '사랑의 단계'는 갑작스런 사고로 미처 완성하지 못한다. 하지만 우리는 이미 이 〈페스트〉 속에서도 그가 세 번째 사랑의 단계에서 던지고자 했던 메시지의 어렴풋한 윤곽을 읽어낼 수 있다.

4 고독과 연대, 그리고 사랑

코로나 시대에 다시 읽는 〈페스트〉는 우리에게 어떤 의미가 있을까? 우리는 앞에 잠깐 언급했던 랑베르라는 인물에 주목하고자 한다.

몇 년 전 카뮈의 딸인 카트린 카뮈(Catherine Camus)가 자기 부친의 사진집을 출간하면서 그 책의 제목을 《알베르 카뮈, 홀로 그리고 함께(Albert Camus, solitaire et solidaire)》라고 붙였다. 여기에 사용된 두 형용사, '고독하다'는 의미의 'solitaire'와 '함께 연대하다'는 의미의 'solidaire'는 평소에 카뮈가 즐겨 사용하던 말인데, 의미상 정반대되는 두 단어가 철자상으로는 가운데 't'와 'd'의 차이만 있을 뿐이다. 카뮈 연구에 있어서 국내 최고 권위자인 김화영은 이 '홀로 그리고 함께'라는 말이 카뮈가 생각했던 것을 고스란히 잘 보여주는 말로서, "개인도 존중하고 함께 가는 것도 존중하는 것, 반드시 이 두 개가 함께여야 한다는 것이 카뮈의 생각"이라고 말한다. 개인과 공동체의 관계에 대한 문제는 카뮈가 전 생애를 통해서 고심하고 깊이 성찰했던 문제이다.

앞에서 우리는 〈페스트〉에 나오는 리외와 타루, 그리고 그랑이라는 인물들이 모두 부분적으로 작가 자신을 조금씩 닮았다고 했는데, 랑베르도 많은 부분에서 카뮈를 떠올리게 한다. '랑베르(Rambert)'라는 이름도 카뮈의 이름 '알베르(Albert)'와 운을 맞춘 듯하고, 카뮈가 젊은 시절 알제와 파리에

알베르 카뮈(1948)

서 기자 생활을 했듯이 랑베르도 파리에서 온 젊은 기자이다. 카뮈가 〈페스트〉를 구상하던 당시 갑자기 독일군에 의해 프랑스 남부 지역이 점령당하는 바람에 사랑하는 아내와 생이별을 해야 했듯이, 랑베르도 갑작스럽게 오랑 시가 폐쇄되자 파리에 남겨둔 아름다운 아내에게 돌아가기 위해 어떻게 해서든 탈출하려고 시도한다. 그래서 〈페스트〉 전반부의 랑베르는 연대의식을 이해하지 못한 사람의 한 유형으로서, 자신은 오로지 "어떤 여자하고 살기 위해서 세상에 태어난 것 같다"(115)고 말할 정도로 개인적인 행복만을 우선시하는 인물로 그려진다.

그랬던 랑베르가 소설 후반부에 오면 그토록 원했던 탈출을 목전에 두고 돌연 태도의 변화를 일으킨다. 이 도시를 떠날 수 있을 때까지만 잠정적으로 보건대에 참가하고 있었던 랑베르는, 마침내 일이 그의 뜻대로 되어서 다음 날이면 오랑을 떠날 수 있게 되었을 때 돌연 리외를 찾아가서 "혼자만 행복하다는 것은 부끄러운 일"(272)이라고 말하며 떠나지 않겠다는 그의 결심을 전한다. 그러면서 이렇게 덧붙인다.

> 이 세상에 자기가 사랑하는 것으로부터 몸을 돌릴 만한 가치가 있는 건 하나도 없어요. 그렇지만 나 역시 왜 그러는지 모르는 채 거기서 돌아서 있죠. (273)

그리고 페스트가 종식되고 시의 문이 열렸을 때 랑베르는 이 소설에서 가장 행복한 사람으로, 진정한 승리자로 남는다. 타루도 죽고 판늘루 신부도 죽고, 코타르는 체포되고, 리외는 사랑하는 아내를 잃고 말았지만 랑베르는 도시가 다시 열렸을 때 플랫폼에 도착한 애인을 품에 안을 수 있게 된다. 이 지점에서 우리는 카뮈가 타루나 리외, 그랑 등의 '영웅주의'보다는 랑베르의 '행복주의'를 더 우선시한 것이 아닐까 하고 생각해 볼 수 있다.

랑베르는 소설 속에서 처음부터 끝까지 일관되게 치열하게 행복을 갈구했던 인물이다. 그의 행동방식은 《시지프 신화》에서 카뮈가 주장했던, 부조리를 인식한 채 최대한의 행복을 추구하는 바로 그런 인간의 태도이다.

랑베르의 탈출 노력은 책에 묘사된 대로 "개개인들이 그들의 행복을 되찾기 위해서, 또 그들이 그 어떤 침해의 손길과 맞서서라도 지키고자 하는 그들 자신의 몫을 페스트로부터 구해 내기 위해서 기울인 절망적이고도 단조롭고 꾸준한 노력들"(186)이었다. 자신의 행복을 추구하는 이러한 랑베르의 행동을 리외도 비난하거나 말리지 않는다. 리외 자신도 역시 너무나 행복을 추구하고 싶었던 인간이었기 때문이다.

이 랑베르라는 인물을 통해서 소설 〈페스트〉는 단지 2차 대전이라는 전쟁의 알레고리 이상의 의미를 지니게 된다. 〈페스트〉 속 인물들이 표면에 드러내 보이고 있는 '반항' 속에는 언제나 '행복에 대한 조바심'이 전제되어 있는 것이다. 우리는 페스트라는 질병에서 출발하여 2차 대전이라는 상징적 차원으로 해석된 상황의 의미가 이제는 더욱 확장되어 '타인과 나'라는 보다 근원적이고 형이상학적인 '인간 조건'의 문제로 변용되는 것을 본다.

랑베르가 개인적인 행복을 포기하면서 보건대에 남아 페스트와 싸우기로 결심하는 변화의 과정은, 〈이방인〉에서 〈페스트〉로의 진화와 맥을 같이 한다. 〈이방인〉과 〈페스트〉는 동일한 죽음의 주제를 다루고 있기는 하지만, 〈이방인〉에서의 죽음들, 즉 어머니와 아랍인과 뫼르소의 죽음은 인간 개인의 운명이 지니고 있는 형이상학적 차원을 형상화한 것으로서 다루는 주제가 개인적인 차원을 넘어서지 않는다. 〈이방인〉에서의 죽음은 '저마다의 죽음'이고 타인이 이해해 줄 수 없는 '저 혼자만의 죽음'에 머문다. 그것은 나의 죽음이고, 따라서 고독한 죽음이고, 거기서 연유하는 저마다의 부조리의 감수성은 반항과 사랑으로 이어지는 다음 단계 사유의 하나의 출발점으로 기능하는 것이다.

〈페스트〉로 넘어오면 이 주제가 진화되고 확대되어, 평온한 시절 개인 차원의 존재론적 죽음의 위협뿐만이 아니라, 이제는 동일한 위협 상황에 놓여 죽음까지도 집단으로 경험하지 않을 수 없는 공동운명체로서의 차원에서 이야기가 전개된다. 그리고 부조리의 인식으로부터 도출되었던 개인적 차원의 반항과 '최대 행복 추구'의 윤리는 공동의 또 다른 차원의 부조리 앞에서 잠시 포기되는 것처럼 보인다. 하지만 그것은 개인적 행복 추구와 모순되는 것이 아니다. 그것은 집단적 부조리의 상황 속에서 궁극적으로는 자신의 개인적 행복뿐만 아니라 타인의 행복까지 지켜내기 위한 필연적인 선택이기도 하다. 〈이방인〉과 《시지프 신화》에서 다루던 "나는 반항한다. 고로 나는 존재한다"라는 명제가, 〈페스트〉와 《반항하는 인간》에서는 "나는 반항한다. 고로 우리는 존재한다"(《반항하는 인간》, 48)는 명제로 발전한다.

여기서 우리는 카뮈가 말한 세 번째 순환고리인 '사랑'에 대해 생각해 볼 수 있을 것 같다. "혼자만 행복하면 부끄러운 일"(273)이라며 그토록 고대했던 탈출을 눈앞에서 포기하는 랑베르에게만큼이나, 헌신적으로 보건대를 이끌어가던 리외와 그랑 같은 인물에게도 그들을 지탱해 주는 힘은 사랑이다. 카뮈는 리외라는 인물을 통해 "사랑이 없는 세계는 죽은 세계와 다를 바 없다"(340)고 말한다. 카뮈가 부정적인 부조리의 시기를 거쳐 반항을 이야기했지만, 그 반항은 긍정적인 사랑으로 향하지 못하면 완전하지 못하다. 결국 카뮈는 제일 중요한 것은 사랑이고, 사랑이 없는 반항은 참다운 반항이 되지 못한다는 생각을 늘 품고 있었다. 그리고 그 생각을 구체적으로 완성시키려고 준비하던 작품이 〈최초의 인간〉이었는데 결국 미완의 상태로 남겨놓고 자신의 죽음을 맞이하고 만다.

페스트와 싸우던 어느 날 저녁 고달픈 하루를 보내고 나서, 타루와 리외는 해수쟁이 영감 집의 바다가 보이는 테라스에 서서 서로에 대한 우정을 느끼며 긴 대화를 나눈다. 거기서 타루는 자신의 유일한 관심사는 과연 인간이 "신이 없는 세상에서도 성자(聖者)가 될 수 있는가?"(332)라는 질문이라고 말하면서, 인간은 누구나 직접적이건 간접적이건 타인의 죽음에 동의하는 페스트균을 "제각기 자신 속에 지니고"(329) 있기에, 자신은 그 페스트에 전염되지 않기 위해서 마음의 평화를 되찾으려 하고, "모든 사람을 이해하려고 애쓰고"(328) 있으며, 그것이 "비록 인간을 구원해 주지는 못한다 하더라도 최소한 그들에게 되도록 해를 덜 끼치며, 때로는 약간의 선까지 행하도록 해 줄 수 있다"(329)고 주장한다. 그리고 다음의 장면이 이어진다.

> 잠시 동안 묵묵히 있던 의사는 몸을 약간 일으키면서 타루에게, 마음의 평화에 도달하기 위해서 걸어야 할 길이 어떤 것일지 생각해 본 것이 있느냐고 물었다.
>
> "예, 그건 공감이죠." (331)

주변의 나직한 밤의 고요함 속에서 간결하게 울린 이 짧은 타루의 대답은 깊은 울림을 준다. 공감은 타인의 고통을 나의 고통처럼 함께 느끼는 것이다. 타인의 고통을 나의 고통으로 받아들일 수 있을 때 우리는 어떤 이유로든 "사람을 죽게 만들거나 또는 죽게 하는 것을 정당화하는 모든 것"(329)을 거부할 수 있을 것이다. 그것이 바로 카뮈가 말하고자 한 '사랑'의 의미라고 생각한다. 그 공감과 사랑을 바탕으로 개인의 행복과 공동체의 행복은 비로소 동시에 가능할 수 있을 것이다.

카뮈가 〈페스트〉의 독자들에게 던지는 메시지는 분명하다. '페스트'라고 불리는 것이 비록 인간의 힘으로는 뿌리 뽑을 수 없는 영원한 악이고, 인간의 한계를 훨씬 넘어서는 거대한 힘이라 할지라도 우리가 할 수 있는 것은 그것에 대해 최선을 다하여 항거하는 일이라는 것, 그 반항만이 우리 존재에 의미를 줄 수 있다는 것, 그리고 그것은 혼자만의 일이 아니라 서로의 공감과 내 가족과 내 이웃에 대한 사랑 속에서 함께 더불어 노력해야 성취할 수 있는 일이라는 것이다. 행복한 삶, 참다운 삶을 위해서는 아무리 힘들어도 '혼자'와 '함께'는 언제나 같이 가야 한다. 코로나 시대에 카뮈의 〈페스트〉는 우리가 함께 이 위기를 극복할 수 있는 큰 힘을 줄 위대한 고전이다.

더 읽어보기

〈페스트〉를 이해하기 위해 함께 읽으면 좋은 알베르 카뮈의 작품들과 카뮈 소개서

알베르 카뮈

《페스트》. 김화영 옮김. 민음사, 2011.

《이방인》. 김화영 옮김. 민음사, 2019.

《시지프 신화》. 김화영 옮김. 민음사, 2016,

《반항하는 인간》. 김화영 옮김. 민음사, 2021.

유기환. 《알베르 카뮈》. 살림지식총서 51. 살림, 2004.

최수철. 《카뮈—지중해의 태양 아래에서 만난 영원한 이방인》. 아르테, 2020.

* 카뮈의 생애 전반에 대한 정보를 따로 얻을 수 있는 소개서는 국내에 많지 않다. 대신 김화영 번역자가 각 작품마다 첨부한 〈작가연보〉와 〈작품해설〉이 유용한 정보들을 많이 담고 있다.

〈페스트〉와 비슷한 주제를 다룬 다른 작가들의 작품과 영화

다니엘 디포. 《페스트, 1665년 런던을 휩쓸다》. 정명진 옮김, 부글북스, 2020.

주제 사라마구. 《눈먼 자들의 도시》. 정영목 옮김. 해냄, 2002.

최수철. 《페스트》. 문학과지성사, 2005.

〈제7의 봉인(Det sjunde inseglet)〉. 잉마르 베리만(Ingmar Bergman) 감독. 1957.

프로테스탄트 윤리와 자본주의 정신

'돈이 일하게 하라'는 시대의 믿음에 대한 비판

최호근

1 막스 베버의 생애와 저술 배경

1.1 베버의 생애

막스 베버(Max Weber, 1864-1920)는 독일 에르푸르트의 부유한 가문에서 장남으로 태어났다. 정치인이었던 아버지로부터는 공적 세계에 대한 관심을, 독실한 캘빈주의 신자인 어머니로부터는 신앙세계에 대한 안목을 물려받았다. 지적 욕구가 남달랐던 베버는 학창 시절에 여러 분야를 섭렵했다. 1882년 하이델베르크 대학교 입학 후에는 전공인 법학 외에 경제학, 역사학, 신학을 공부했고, 베를린과 괴팅겐에서 수학하는 동안에도 인문사회과학 전반에 관한 열정은 지속되었다. 1889년에 중세 이탈리아의 상업회사 연구로 박사학위를 받은 베버는 불과 2년 뒤에 로마 농업사 연구로 교수자격논문(Habilitation)을 완성했다. 이후 법제사에서 출발하여 사회정책 분야로 관심을 확대하던 베버는 1894년에 프라이부르크 대학교에서 경제학 교수직을 얻었고, 2년 후에 하이델베르크 대학교로 자리를 옮겼다. 이직 후 줄곧 신경과민에 시달리던 베버는 1903년에 교수직을 그만두었다. 어느 정도 건강이 회복되자 베버는 사회개혁을 위해 동료인 에드가 야페(Edgar Jaffé), 베르너 좀바르트(Werner Sombart)와 함께 《사회과학과 사회정책 아카이브(Archiv für Sozialwissenschaft und Sozialpolitik)》를 창간하고 본격적인 활동을 재개했다. 《프로테스탄트 윤리와 자본주의 정신》도 바로 이 시기의 작품이다. 이후 학문과 현실의 두 영역에서 의욕적으로 활동하던 베버는 1920년에 뮌헨에서 세상을 떠났다.

사후 한 세기가 지났어도 인문사회과학에서 베버의 영향력은 사라지지 않고 있다. 그 사이에 약간의 부침은 있었다. '하이델베르크의 신화'로 불릴 만큼 독일 학계에서 주목받던 그가 더 큰 유명세를 떤 것은 제1차 세계대전(1914-1918) 직후였다. 전쟁 중에 미국과의 확전을 반대했던 그는, 전후 열린 베르사유 강화조약에 독일 측 대표로 참가했다. 뿐만 아니라 그는 민주주의적 헌법 제정에도 참여해서 바이마르(Weimar) 공화국 탄생에 기여했다.

한 세대 이상 지속되었던 베버의 명성은 죽음과 함께 잠시 사라졌다. 나치의 등장과 제3제국의 출현, 제2차 세계대전 패망과 연합국의 군정통치, 분할과 분단으로 이어진 30년 동안 베버는 독일 학계에서도 망각되었다. 그의 학문적 가치를 알아본 미국의 사회학자 파슨스(Talcott Parsons)의 적극적 소개가 아니었다면, 베버의 이름은 다시 주목받지 못했을지도 모른다. 파슨스를 통해 베버는 '지배의 사회학'의 대가로 영미권 학계에 사후 데뷔했다. 이후 베버 저작의 가치가 먼저는 사회과학계에서, 후에는 인문학계에서 재발견되기 시작했다.

1970년대에 오면서 베버는 마르크스와 더불어 서구 학계를 양분했다. 이 상황을 어떤 사람은 'NATO Weber, WP Marx'로 요약했다(NATO는 북대서양

막스 베버(1918)

조약기구, WP는 바르샤바조약기구의 약칭이다). 사회주의 진영을 이론적으로 뒷받침했던 마르크스에 맞서 자유민주주의의 정당성을 옹호하는 이론가로서 베버가 필요했다는 뜻이다. 이 시기에 베버는 마르크스의 대항마로서 각광을 받았다. 계급 양극화와 사회주의 혁명을 강조했던 마르크스와 달리 베버는 계층론을 통해 사회적 유동성을 중시하면서 자본주의 사회의 개혁과 지속 가능성을 역설했기 때문이다.

1989/90년 독일 통일과 더불어 현실 사회주의는 붕괴했다. 냉전도 과거 이야기가 되어버렸다. 이데올로기적 대결 구도가 사라지면서, 베버에 대한 세상의 이해 폭도 넓어졌다. 그 결과 우리는 베버의 텍스트를 찬찬히 살펴보면서, 그의 통찰을 우리 시대 진단과 미래 예측에도 적용할 수 있게

되었다.

베버는 《직업으로서 학문》과 《직업으로서 정치》를 통해 학문과 정치의 본질을 갈파한 실천적 지성이었다. 그는 권력과 지배의 속성을 예리하게 분석한 정치학자였으며, 의미의 그물망 속에서 선택을 거듭하는 행위주체로서 인간의 내면을 탐색한 철학자였다. 뿐만 아니라 그는 객관이 부재하는 시대상황 속에서 객관성의 방법을 모색한 이론가이기도 했다. 이런 이유에서 그의 작품들은 다시 읽을 가치가 있는 고전으로 인정받고 있다. 《프로테스탄트 윤리와 자본주의 정신》은 그중에서도 가장 중요한 대표작이다.

1.2

저술 배경

《프로테스탄트 윤리와 자본주의 정신》은 베버의 학문과 생애에서 각별한 의미를 갖는 글이다. 이 글은 그가 오랜 지적 휴면상태에서 벗어나는 것을 알리는 신호탄이었다. 이 글이 처음부터 한 권의 책으로 출간된 것은 아니다. 이 글은 본래 《사회과학과 사회정책 아카이브》에 연재되었다가 논쟁 속에서 거듭 수정되었다. 베버의 글이 촉발한 '자본주의 논쟁'은 19세기 말부터 독일어권 인문사회과학계에서 시작된 거대 논쟁의 연속선 위에 있었다.

앞선 논쟁은 근대에 필적할 만한 자본주의적 발전이 서양 고대에도 있었는지를 둘러싸고 전개되었다. 마이어(Eduard Meyer)를 비롯한 역사가들은 고대 그리스와 로마에서도 공장과 은행이 번성할 정도로 자본주의가 꽃을 피웠다고 주장했다. 이에 반해 국민경제학(Nationalökonomie)의 역사학파(Historische Schule)는 고대 세계의 일부 지역에서 나타난 자본주의적 현상을 과대평가해서는 안 된다고 반박했다. 특히 베버는 로마의 사례를 들어 이른바 '고대 자본주의'는 엄밀한 의미의 자본주의에 도달하지 못했다고 강조했다. 그가 제시한 이유는 세 가지였다. 첫째, 고대의 경제 발전은 농업 부문에 국한된 점에서 '농업 자본주의'에 지나지 않았다. 둘째, 고대 경제는 무역이 가능한 해변 지역에 편중되었던 점에서 '해안 자본주의'에 불과했다. 셋째, 고대의 경제적 번영은 생산보다는 전쟁과 약탈에 의존했던 점에서 '노예 자본주의' 성격을 지녔다.

이와 같은 베버의 판단은 박사학위 논문과 교수자격 논문 작성 때 수행한 역사 연구에 기반했다. 역사학의 영향을 받은 베버는 통계를 중시한 경제학자들과는 달리 사람들의 움직임에 주목했다. 자본주의 발전에서도 베버가 중시한 것은 양적 성장 자체가 아니라 도시(Stadt), 시장(Markt), 시민계급(Bürgertum)의 움직임이었다. 베버에 따르면, 도시는 자본주의 발전을 가능하게 해주는 온상(溫床)이었다. 도시 한가운데 자리 잡은 시장은 상품의 교환을 가능케 해주는 자본주의의 터전이었다. 이 발전을 주도한 시민계급은 경제적 합리화를 도모한 경제인이었을 뿐만 아니라, 새로운 가치관에 따라 세상을 바꾸고자 했던 변혁의 주체였다. 베버에게 자본주의란 공장을 통한 생산과 시장을 통한 교환만 의미하지 않았다. 그는 이윤추구를 목적으로 삼는 새로운 가치관의 소유자들이 만들어낸 합리적 체제를 자본주의로 규정했다. 이 점에서 베버는 자본주의 정신 없이는 자본주의를 생각할 수 없다고 생각했다. 이것이 바로《프로테스탄트 윤리와 자본주의 정신》의 핵심 논지다.

《프로테스탄트 윤리와 자본주의 정신》은 베버의 친구 베르너 좀바르트의 역작《근대 자본주의(Der moderne Kapitalismus)》에 대한 비판적 서평이었다. 전체 3권에 달하는 이 대작을 통해 좀바르트는 태동에서부터 성숙에 이르기까지 서구 근대 자본주의의 장구한 발전 과정을 세밀하게 설명했다. 특히 중세 후기 신흥 상인(nouveau riche)의 출현과 시장의 발전에 대한 묘사는 근대 자본주의의 직접적 시원에 관한 것이었기에 베버의 큰 관심을 끌었다.

좀바르트에 대한 베버의 비판 논지는 두 가지였다. 첫째, 중세의 한중간인 12-13세기에 신흥 상인들이 출현했음에도 불구하고, 왜 그 시기에 근대 자본주의가 곧바로 시작되지 않았던 것일까? 둘째, 자본주의 정신의 탄생은 자본주의 발전의 산물이라는 좀바르트의 주장은 현실에 비추어 타당한가? 이 두 개의 물음은 사실상 하나의 질문이었다. 고대 이후 서양 세계에서 부침을 거듭했던 자본주의적 발전이 왜 하필 15-16세기에 와서야 본격적 궤도에 올라설 수 있었는가 하는 것이다. 베버는 이미 좀바르트가 집대성한 연구 속에 해답이 있다고 보았다. 과거와 달리 정치·종교와의 유착에서 벗어나 부의 증식에 몰두했던 12-13세기의 신흥 상인들이 온전한 의미에서 근대 자본주의 기업가로 올라서는 데 몇 세기를 허비했다는 사실은 물질적 발전만으로는 설명되지 않는 그 무엇을 생각하지 않을 수 없게 한다. 이 대목에서 베버는 자본주의 정신의 출현을 이야기했다.

베버 학문의 출발점은 인간이 의미를 추구하는 존재라는 믿음이었다. 인간은 각자의 입장에서 자기 가치관에 따라 의미를 부여하며 자기 생을 살아간다는 것이다. 베버는 시대의 지배적 가치관이 개별 인간들의 세계 해석과 행동에 직접적인 영향을 미친다고 생각했다. 물론 베버는 이에 도전하는 대안적 가치관의 성장도 중시했다. 이러한 생각에서 베버는 중세 이후 자본주의 발전에 정신적인 요소가 끼친 영향을 확인하고 싶어 했다. 자본주의 발전과 자본주의 정신 간의 상관관계를 탐색하겠다는 의지도 이런 배경에서 이해할 수 있다.

2 프로테스탄트 윤리와 자본주의 정신

《프로테스탄트 윤리와 자본주의 정신》은 자본주의가 발전하는 곳에 자본주의 정신이 깃든다는 좀바르트의 해석을 유물론적 사고라고 비판했다. 이에 대해 좀바르트는 격앙된 반응을 보였다. 왜냐하면 19세기 말 20세기 초 독일에서 유물론자라는 말은 곧 '빨갱이'를 의미했기 때문이다. 당시 독일의 상황에서 공산주의자는 대학을 포함한 제도권 지식사회에서 제대로 활동할 수 없었다. 베버의 비판에 크게 실망한 좀바르트는 베버의 사고야말로 물질에 대한 정신의 우위를 일방적으로 강조하는 유심론이라고 반박했다. 물론 이런 호칭들은 격한 논쟁에서 흔히 나타나는 과도한 단순화의 결과였다.

베버의 자본주의 이해는 그 시대에 유행한 국민경제학의 역사학파 연구에 기초했다. 슈몰러(Gustav von Schmoller)와 뷔허(Karl Bücher)로 대표되는 역사학파는 역사적 접근을 통해서 서구 경제의 성격을 가장 잘 파악할 수 있다고 믿었다. 뷔허의 경우, 생산과 유통 범위에 주목하여 가내경제(Hauswirtschaft)-도시경제(Stadtwirtschaft)-국민경제(Volkswirtschaft)의 단계를 밟아 유럽 경제가 발전해 왔다고 파악했다(고대 그리스와 로마에서 볼 수 있는 가내[Oikos]경제란 법적으로 가부장의 지위를 보유한 귀족의 영지 내에서 생산과 교환이 이루어지는 경우를 지칭한다. 중세 경제를 특징짓는 도시경제는 도시에서 생산된 수공업 제품과 주변의 농촌 지역에서 산출된 농산물이 도시 안의 시장에서 교환되는 경우를 규정한다. 국민경제는 근대 이후 중앙집권적 국가가 형성되면서 한 국가의 국경 내에서 생산과 교환이 이루어지는 현상들을 개념화한 것이다. 역사학파는 현재의 국민경제 단계가 멀지 않아 세계경제[Weltwirtschaft] 단계로 이행할 것이라고 예측했다).

베버는 이러한 단계적 발전을 인정하면서도, 이 일련의 과정을 역사학파처럼 하나의 법칙으로 보지 않고 일종의 경향이나 추세 정도로 이해해야 한다고 주장했다. 베버는 이미 마르크스의 역사발전 법칙론에 대해서도 신랄한 비판을 가했다. 현상 속에 법칙이 실제로 존재하는 것이 아니라, 무질서한 현상들을 이해하기 위해 질서를 부여한 것이 법칙일 뿐이라

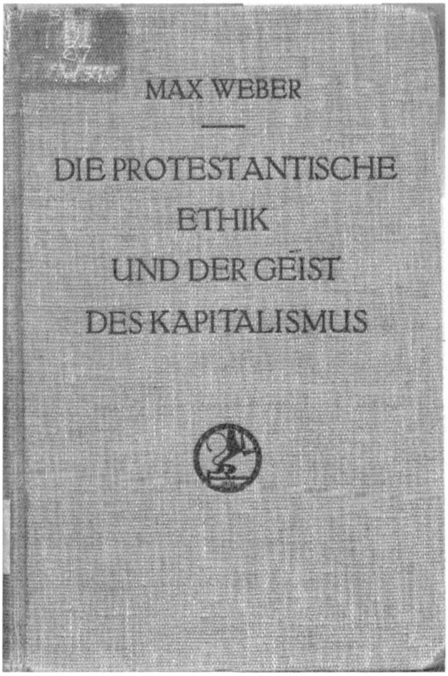

《프로테스탄트 윤리와 자본주의 정신》
1935년 특별판 표지

는 판단은 베버의 방법론 논문인 〈사회정책적 사회과학적 객관성에 관하여〉에서 대전제였다.

《프로테스탄트 윤리와 자본주의 정신》과 〈사회정책적 사회과학적 객관성에 관하여〉는 같은 시기에 쓰인 자매작이다. 〈사회정책적 사회과학적 객관성에 관하여〉가 이념형적 개념구성을 상세하게 다룬 방법론적 글이라면, 《프로테스탄트 윤리와 자본주의 정신》은 이러한 방법론 구상 속에서 실제 역사를 다룬 경험적 서술이다. 이 점에서 두 저작은 동전의 양면 같은 작품으로 이해할 수 있다. 이러한 이유에서 〈사회정책적 사회과학적 객관성에 관하여〉는《프로테스탄트 윤리와 자본주의 정신》을 좀 더 깊이 이해할 수 있게 해주는 방법론적 지침으로 보아도 무방하다. 학문은 끝없는 가설적 구성의 결과라는 〈사회정책적 사회과학적 객관성에 관하여〉의 테제는 베버의《프로테스탄트 윤리와 자본주의 정신》 전체를 관통하는 문제의식이다.

베버의 문제의식은 이념형에 대한 강조를 통해 명확하게 나타난다. 베버는 상업 자본주의와 산업 자본주의 형태로 연이어 전개된 근대 자본주의가 자기 시대에 와서는 금융 자본주의의 양식을 취하게 되었다고 해석했다. 그러나 이 세 개의 양식이 서구의 경제적 발전과 관련된 모든 현상을 포괄할 수 있는 실제 법칙이라고 보지는 않았다. 이 점에서 베버는 자기 시대의 역사가들과 의견을 달리했다. 베버의 이념형적 개념구성에 호의를 표명했던 역사가 오토 힌체(Otto Hintze)도 역사가들의 작업은 베버가 주장한 이념형(Idealtypus)이 아니라 실재형(Realtypus)을 통해 표현된다고 주장했다.

베버는 이러한 방법론적 입장의 차이를 깊이 의식하고 있었다. 그 때문에 그는《프로테스탄트 윤리와 자본주의 정신》을 특정한 인식 관심에서 비롯된 하나의 학문적 해석으로 받아들일 것을 거듭 요구했다.《프로테스탄트 윤리와 자본주의 정신》은 종교개혁 시대와 상업 자본주의 시대 전체를 포괄하는 경험적 연구가 아니라, 서구 근대사의 초기 국면에서 중요했던 자본주의와 종교개혁 간의 상관관계를 특정한 각도에서 조명하겠다는 것이다. 베버는 이 중에서도 자본주의 일반이 아니라 자본주의의 본격적 발전을 가능케 했던 자본주의 정신을, 그리고 종교개혁 일반이 아니라 그 결과 탄생한 프로테스탄티즘 가운데 특정 종파(들)에 초점을 두고, 이 둘 사이의 상관관계를 이념형적으로 설명하겠다고 강조했다.

베버의 입장에서 볼 때, 인류의 역사 전체를, 그리고 한 시대의 역사를 총체적으로 '재구성'하는 것은 불가능한 일이다. 또한 이러한 작업은 어쩌면 바람직하지 않은 일이기도 하다. 왜냐하면 가능한 한 모든 사료를 수집·가공하여 한 시대의 전체상을 '있는 그대로' 재현하겠다는 생각은 학문에서 중요한 두 가지 점을 놓치게 만들기 때문이다. 첫째, 애써 수집한 자료가 해당 시대와 지역의 모든 것을 담고 있지 못하다. 이것은 곧 사료 자체가 불완전함을 뜻한다. 이보다 더 중요한 것은 두 번째다. 자신의 연구가 과거를 총체적으로 재현하고 있다고 확신하는 사람은 다른 방식의 재현도 진실일 수 있다는 것을 인정하지 않기 때문이다. 자신의 연구 결과가 진실이 아니거나 부분적 진실에 불과할 수 있다는 점을 전제하지 않는 학자는 학문이 아닌 신념의 영역에 빠져들게 될 것이라고 베버는 경고했다.

이러한 우려에서 베버는 모든 연구 결과를 진실의 재구성이 아니라 사유(思惟)에 의한 구성의 결과로 볼 것을 요청했다. 그렇게 되면 다양한 학문적 해석들이 양립 불가능해지는 경우가 사라질 것이고, 서로 다른 입장과 각도에서 현상의 다양한 측면들을 포착할 수 있을 것이기 때문이다. 서구 역사를 합리화 과정으로 본 베버의 해석도 마찬가지다. 유럽이 주술적 사회에서 합리적 사회로 발전해 왔으며, 그 증거가 자본주의와 관료제의 발전이라는 자신의 테제를 베버는 예외를 허용치 않는 철칙으로 생각하지 않았다. 베버에게 서구 사회의 합리화 과정은 법칙이 아니라 유의미한 추세였을 뿐이다. 이 점이 사회구성체의 연속적 발전이나 계급 양극화를 법칙으로 받아들인 마르크스와 베버를 구별해 주는 결정적 차이였다. 이런 유연한 사고가 펼쳐지는 텍스트가《프로테스탄트 윤리와 자본주의 정신》이다.

이 책은 마치 반투명 지도 두 장을 겹쳐놓으면서 시작하는 것처럼 보인다. 베버는 한편에서 유럽과 아메리카에서 캘빈주의가 지배했던 지역들을 언급한다. 16세기에 제네바와 스코틀랜드에서 캘빈주의가 성세를 누렸다면, 16세기에서 17세기로 넘어가는 전환기에는 네덜란드가, 17세기에는 북아메리카 대륙의 뉴잉글랜드 지방과 영국 본토 지역이 캘빈주의의 확산을 경험했다는 것이다. 이것은 베버의 독창적 주장이 아니라, 이미 많은 학자들의 연구를 통해 확인된 일반적 사실이다. 다른 한편에서 베버는 같은 시기에 상업 자본주의가 발전했던 지역들을 열거한다. 이 역시 다양한 유파의 경제사 연구자들에 의해 확증된 통설들이다.

베버의 독특성은 이 두 가지 현상 사이의 상관관계를 묻는 데서 나타난다. 자본주의 발전이라는 세속적 현상이 캘빈주의의 확산이라는 종교적 현상과 지역적으로 중첩되어 나타난다는 것이 베버의 문제제기 출발점이다.

여러 종파가 혼합되어 존재하는 지방의 직업 통계를 보면, 특히 한 가지 현상이 빈번하게 나타난다. 그것은 가톨릭계 신문이나 문헌에서 자주, 그리고 독일의 가톨릭 회의에서 활발하게 논의된 현상이다. 이 현상은 곧 자본 소유자와 경영자층, 상급의 숙련 노동자층, 특히 근대적 기업에서 높은 기술 훈련이나 상인 훈련을 받은 구성원들이 프로테스탄트적 성격을 매우 현저하게 갖는다는 것이다. (7)

베버에 따르면, 대규모의 근대적 상공업 부문의 자본 소유와 경영과 고급 노동 영역에서 프로테스탄트 교도가 차지하는 비율이 전체 인구의 구성 비율에 비해 현저하게 높이 나타난다. 그렇다면, 자본주의 발전과 일부 프로테스탄트 종파는 원인-결과 관계에 있었던 것일까? 이 양자가 인과 관계 속에 있었다면, 어느 것이 원인이고 어느 것이 결과였던 것일까? 그것이 아니라면, 이 둘은 일방적인 인과관계로 축약할 수 없는 상관관계에 있었다고 해야 할까?

《근대 자본주의》에서 좀바르트가 잘 보여준 것처럼, 자본주의의 씨앗은 이미 12-13세기 유럽의 일부 지역에서 출현했다. 그런데 왜 자본주의의 본격적인 발전은 종교개혁이 일어난 15세기 이후에야 이루어졌던 것일까? 베버는 자본주의라는 거대 동체가 이륙하기 위해서는 질적 비약을 가능케 하는 엄청난 추력이 필요하다고 생각했다. 이 폭발적 힘은 어디에서 비롯되었을까? 이 힘을 규명하기 위해서는 자본주의와 밀접한 관계에 있으면서, 중세 후기에는 존재하지 않았는데 근대 초기에 출현했던 것에 주목해야 한다. 그것이 바로 종교개혁의 결과 출현한 프로테스탄티즘과 프로테스탄트 윤리였다.

베버는 자본주의 발전과 프로테스탄트 윤리의 관계를 우연이나 필연 중 어느 하나로 볼 수 있다고 생각하지 않았다. 그는 양자 사이에 존재하는 친화성에 주목했다. 물론 이것 자체는 베버의 발견이 아니었다. 이 점에서 베버는 동료 역사가인 고타인(Eberhard Gothein)의 연구 결과를 적극 수용했다. 고타인은 일찍이 캘빈주의자들이 흩어져 사는 거주 지역이 자본주의 경제의 온상(溫床)이었다고 밝혔다.

베버는 이러한 연구를 바탕 삼아 생활영위양식(Lebensführung) 개념을 제시했다. 이 개념을 통해 베버는 각 시대마다 지배적인 가치관이 존재하며, 개인들은 그 영향 속에서 삶의 방향을 설정하고, 자기 목적을 실현하는 데 필요한 방법들을 선택한다는 점을 부각한다. 인간의 삶에서 의미의 발견과 부여가 중요한 것은 주지의 사실이다. 가치관이 중요한 이유는, 사람들이 가치관에 의거해서 어떤 것을 의미 있다고 판단하고, 그에 반해 다른 것을 무의미하다고 생각하기 때문이다. 베버는 특정 가치체계가 한 시대를 살아가는 사람들에게 영향을 주는 방식에 주목했다. 그것이 바로 생활영위양식이다.

베버에 따르면, 중세에는 신분제적 생활영위양식이 지배적이었다. 여기서 가톨릭이 중요한 역할을 담당했음은 물론이다. 중세는 기도하는 자(성직자), 싸우는 자(기사), 일하는 자(농노)가 수직적 위계서열 속에서 살아가는 신분제 사회였다. 가톨릭의 신조는 중세 경제생활에도 큰 영향력을 발휘했다. 가톨릭에서 유래한 전통주의(traditionalism) 경제관은 당장의 삶에 필요한 만큼만 생산하도록 가르쳤다. '절제된 방종'을 강요하는 길드 체제도 혁신을 가로막았다. 이처럼 이중의 규제가 작동하는 풍토 속에서 자본주의가 성장하기는 어려웠다.

중세적 삶의 방식을 대체하는 데 필요한 근대적 생활영위양식의 중심에 이윤추구를 핵심으로 삼는 자본주의 정신이 있었다. 자본주의 정신의 출현이 가능하기 위해서는 이제까지 서구인들의 삶을 지배해 온 가톨릭의 종교적 지배가 사라져야 했고, 그와 함께 가톨릭의 전통주의적 경제관이 충분히 약화되어야 했다. 자본주의의 본격적 발전을 위해서는 종교개혁이 필요했던 이유도 바로 여기에 있다. 종교개혁은 서구인들의 삶의 토양을 통째로 바꾸는 정신혁명이었다. 그 거대한 변혁과정에서 출현한 프로테스탄티즘의 여러 종파들 가운데 베버가 특히 주목한 것은 캘빈주의 계열이었다.

캘빈주의는 독일의 종교개혁가 루터(Martin Luther)의 직업소명론을 전폭적으로 수용했다. 캘빈주의자들에게 직업이란 단순한 생계수단이 아니라 하나님이 직접 지정해 준 삶의 자리였다. 따라서 이제는 직업의 귀천이 없어졌다. 상업과 금융업에 종사하는 사람들이 캘빈주의에 환호한 것은 당연한 결과였다.

캘빈주의의 확산과 상업 자본주의 발전의 연관관계를 살펴볼 때 중요한 또 하나의 요인은 구원론이다. 캘빈은 구원을 전적으로 신의 권한이라고 강조했다. 생명의 구원은 신에 의해 예정되어 있으며, 그 어떤 성직자도 이 권한을 위임받은 바가 없다는 주장은 가톨릭의 관행적 권위를 약화시켰다. 이미 루터 이후 만인제사장설을 통해 약화되기 시작한 가톨릭 성직자들의 권한은 캘빈의 구원론을 통해 근거를 상실했다.

구원론은 다시 청지기설과 결합되어 캘빈주의자들의 직업윤리에 결정적 영향을 주었다. 성서에 따르면, 구원받은 자의 삶은 영원한 생명에 대한 확신으로 끝나지 않는다. 오히려 허락받은 나머지 생애 동안 자기 삶의 자리에서 자신에게 부여된 직업에 충실하게 종사하고, 그 결과를 통해 하나님의 판단을 받는다는 것이다. 이러한 믿음은 신약성서에 나오는 선한 청지기의 비유를 통해 구체화되었다. 한 부자가 먼 곳으로 가기 전에 세 명의 종에게 각각 달란트를 맡겼다. 몇 년 후 돌아온 주인은 세 종을 불러 그간의 사정을 점검했다. 5달란트를 10달란트로 만든 종은 가장 큰 칭찬을 받았고, 2달란트를 두 배로 증식시킨 종도 호평을 받았다. 그러나 원금 손실을 염려해서 1달란트를 땅에 묻어두었던 종은 저주에 가까운 말을 듣고 집에서 추방되었다.

캘빈주의에서는 이 비유가 세상을 살아가는 동안 주어진 직업에 최선을 다하라는 계명으로 해석되었다. 구원에 대한 내적 확신은 일상의 삶을 통해 외적으로 확증되어야 했다. 자기 직업에 충실한 자가 결국은 구원을 객관적으로 입증한다는 것이다. 이렇게 되면, 금융업자에게 선한 청지기가 되는 길은 오직 돈을 증식하는 것일 뿐이다.

'기업가(entrepreneur)'라는 용어가 종교개혁 이후에 확산한 것도 우연이 아니었다. 기업가는 단순히 상공업이나 금융업에 종사하거나 많은 부를 축적한 사람을 뜻하지 않는다. 기업가는 부의 증식이라는 목표를 위해 매진하는 사람을 의미한다. 베버는 기업가가 대표하는 근대적 생활영위양식을 과거 봉건영주의 '고상한 방종'이나 벼락부자의 과시적 허세와 대비시켰다.

기업가를 통해 표상되는 근대적 생활양식의 또 다른 요소는 금욕(Askese) 윤리였다. 종교개혁을 통해 삶과 직업에 대한 태도가 근본적 변화를 겪으면서 상업, 수공업, 금융업에 종사하는 사람들의 직업윤리도 크게 바뀌어 갔다. 베버는 바로 이 프로테스탄티즘의 금욕적 직업 사상이 사람들로 하여금 내세를 지향하는 가운데서도 이 세상에서 살아가는 방식을 합리화하게 만들었다고 보았다.

> 그 금욕주의는 닫아버린 수도원의 문을 뒤로 하고 삶의 시장에서 걸어 나와 현세적 일상생활에 자신의 방법을 침투시키기 시작했고, 일상생활을 세속 안에서 합리적 생활로 변형시키기 시작했다. (111)

금욕적 기업가는 합리적 생활을 영위하는 근대인의 표상이었다. 이런 생각에서 베버는 근대적 자본주의 정신과 직업사상에 입각한 합리적 생활방식이 기독교적 금욕 정신에서 탄생했다고 강조했다. 금욕적 기업가는 경제 외적 구속에서 벗어나 좀 더 많은 이윤을 얻을 수 있도록 자본을 투자하고, 노동을 합리적으로 조직화하는 데 힘쓴다. 베버에게서 합리성이란 더 많은 이윤을 얻기 위해 최적의 수단을 선택하는 것을 의미한다(물론 베버는 훗날 전적으로 이윤 추구라는 목적을 도모하는 것 자체가 인간의 생활에서 합리적인

지에 관해 회의하기도 했다. 최적의 수단을 선택하기 위해 고심하는 것을 수단적 합리성이라고 한다면, 특정한 목적 설정 자체가 자기 삶에 의미 있는지를 궁리하는 것은 목적적 합리성이라고 명명할 수 있을 것이다. 하지만 이러한 합리성의 의미에 대한 구분은 《프로테스탄트 윤리와 자본주의 정신》에서 아직 심각하게 논의되지 않았다).

근대인의 금욕적인 생활 태도와 합리성 추구는 무엇보다 시간 활용을 통해 나타난다는 것이 베버의 판단이었다. 이러한 시간 중시의 사고는 영국의 청교도들 사이에서 철저하게 나타났다. 청교도를 대표하는 사상가인 박스터(Richard Boxter)는 직업에 태만한 자들은 항상 신을 위한 시간이 있어도 신을 위해 그 시간을 쓰지 않는 자들이라고 강조했다. 더 나아가 그는 노동 의욕의 결핍이야말로 구원받지 못함의 징후라고 단정했다. 이렇게 청교도주의(Puritanism)는 시간의 엄수와 절약, 합목적적인 직업관을 서구 세계에 널리 유포했다. 이를 통해 과거와 같은 불규칙하고 전문화되지 않은 노동 대신에 합리적 직업노동을 중시하는 태도가 사람들 사이에서 설득력을 얻게 되었다.

그러므로 종교개혁은 단지 종교적 신조 간의 대결이 아니었다. 그것은 세계관과 가치관의 충돌이었으며, 경제관과 직업관의 대립을 뜻했다. 중세를 지배한 가톨릭의 전통주의 경제관은 부의 축적 자체를 경원시했기 때문에 고리대금업을 금지하고, 도시경제의 본격적 발전을 저해했다. 이에 반해 캘빈주의의 근대적 경제관은 상인들에 의한 부의 축적을 구원의 외적 확증으로 높이 평가했다. 캘빈주의는 다만 금욕에 대한 강조를 통해 부의 증식 자체에 탐닉하지 않도록 했으며, 삶의 매 순간마다 다가올 하나님의 심판을 잊지 말도록 경고했다.

청교도 직업관과 금욕적 생활방식이 자본주의적 생활양식 발전에 준 영향을 베버는 이렇게 강조했다.

> 현세적 프로테스탄티즘의 금욕은 전력을 다해 재산을 낭비하는 향락에 반대해 왔고, 소비 특히 사치재 소비를 봉쇄해 버렸다. 반면에 이 금욕은 재화 획득을 전통주의적 윤리의 장애에서 해방시키는 심리적 결과를 낳았으며, 이윤추구를 합법화시켰을 뿐만 아니라, 직접 신의 뜻이라고 간주함으로써 이윤추구에 대한 질곡을 뚫고 나왔다. (…) 투쟁은 합리적 영리활동에 대한 투쟁이 아니라, 재산의 비합리적 사용에 대한 투쟁이었다. (126)

> 부단하고 지속적이며 체계적인 세속적 직업노동을 단적인 최고의 금욕 수단인 동시에 거듭난 자와 그 신앙의 진실성에 대한 가장 확실하고 분명한 증명이라고 간주한 종교적 평가는 자본주의 정신으로 일컬어지는 생활관 확장의 가장 강력한 지렛대였다. (127)

이런 이유에서 캘빈주의가 성행한 곳에서는 축적된 부를 자본으로 활용하는 생산적 투자가 유행했다. 이것이 근대를 이끌어간 시민계급이 중세의 세속사회를 주도한 귀족과 결정적으로 다른 점이었다. 시민계급의 표상인 기업가는 종교적인 면에서 하나님의 은총 안에서 축복을 받았다는 의식을 지니고 있었다. 베버에 따르면, 전형적인 부르주아 기업가는 이러한 형식적 정당성의 한계를 지키면서 도덕적 품행도 바르게 유지하고자 애썼다. 이러한 삶의 자세는 기업가나 시민계급에 한정되지 않았다. 프로테스탄티즘의 새로운 풍토는 노동자 계급의 삶에도 영향을 주었다. 종교적 금욕의 힘은 하나님이 원하는 삶의 목적으로서 노동을 강조함으로써, 노동자들의 근로 의식을 고취했다. 그리하여 베버는 영리활동을 소명으로 보는 것이 근대 기업가의 특징이었던 것처럼, 노동을 소명으로 보는 것도 근대 노동자의 특성이었다고 말한다.

3 자본주의 정신과 자본주의 발전

《프로테스탄트 윤리와 자본주의 정신》에서 핵심을 차지하는 또 하나의 축은 자본주의와 자본주의 정신 간의 상관관계다. "닭이 먼저냐 계란이 먼저냐?"처럼 보이는 양자의 관계에 대한 베버의 생각을 파악하기 위해 중요한 단서가 그의 시간관이다. 베버는 "시간이 금"이라는 벤저민 프랭클린(Benjamin Franklin)의 경구를 환기시킨다. 북아메리카 식민지에서 성공한 사업가 프랭클린은 이렇게 말했다.

> 시간이 돈임을 잊지 말라. 매일 노동을 통해 10실링을 벌 수 있는 자가 반나절을 산책하거나 자기 방에서 빈둥거렸다면, 그는 오락을 위해 6펜스만 지출했다 해도 그것만 계산해서는 안 된다. 그는 그 외에도 5실링을 지출한 것이다. 아니 갖다 버린 것이다. (18)

가톨릭의 입장에서 보면, 이런 주장은 탐욕의 철학에 불과할 것이다. 만약 프랭클린이 중세에 태어났다면, 틀림없이 사람들에게 지탄받았을 것이다. 중세의 전통주의 경제관 토양에서는 상상도 할 수 없는 이런 말을 프랭클린이 거리낌 없이 할 수 있었던 것은 합리적 생산의 조직과 규율을 중시하는 북아메리카의 사회적 토양 때문이었다. 베버는 두 가지 이유에서 프랭클린의 언명을 중시했다. 첫째, 시간 활용이야말로 경제활동에 대한 합리적 조직화의 출발점이기 때문이었다. 둘째, 아직 자본주의가 본격적으로 발전하지 못한 북아메리카 식민지에서 이런 사고가 등장하고 널리 인정받을 수 있었다는 사실은 자본주의의 물질적 발전에 자본주의 정신이 선행할 수도 있다는 것을 보여주기 때문이었다. "벤저민 프랭클린의 출생지 매사추세츠에서는 분명히 자본주의 정신이 자본주의 발전에 앞서 존재했다"고 베버는 강조했다. 이 점이야말로 자본주의 정신의 탄생을 자본주의 발전의 결과로 간주하는 좀바르트의 테제를 반박할 수 있는 결정적 증거라고 베버는 생각했다(그러나 이 점에 관한 한 베버의 주장은 다소 억지처럼 보인다. 왜냐하면 아무리 북아메리카 식민지에서 상업 자본주의가 본격적인 발전을 경험하기 전이라고 해도, 뉴잉글랜드를 비롯한 북아메리카에 이주한 영국계 백인들은 본토인 영국에서 전개된 자본주의 발전을 몸소 체험했거나 적어도 그 발전상에 관해 잘 알고 있었을 것이기 때문이다).

베버가 강조하고 싶은 것은 자본주의 발전을 가능케 하는 에토스였다. 베버는 자본주의가 생산과 소비를 합리화하려는 동기에서 비롯되었다면, 사람들이 그런 생각을 중시하게 만든 삶의 자세를 해명하는 작업이 학술적으로 중요한 과제라고 생각했다. 그는 자본주의 발전의 바탕에 근대의 독특한 윤리적 태도가 자리하고 있다고 믿었다. 그것이 바로 합리성을 중시하는 근대적 생활영위양식이다. 바로 이 양식이 종교적 세계관과 세속적 경제관 사이를 중재하는 일상의 가치관을 형성한다.

훗날 베버는 비교 종교 연구를 통해 자본주의가 왜 근대 서구에 와서, 그것도 알프스 이북의 서쪽 지역에 한정해서 발전했는지 탐색했다. 그 결과 베버는 모든 가치관의 틀을 구성하는 종교적 세계관과 그 영향을 받는 생활영위양식이 자본주의 발전 유무와 정도에 결정적으로 작용한다고 강조했다. 말년의 종교사회학 연구를 통해 제시하게 될 결론을 베버는 40세 즈음에 쓴 저작 《프로테스탄트 윤리와 자본주의 정신》에서 이렇게 밝혔다.

> 자본주의는 중국, 인도, 바빌론, 그리고 고대와 중세에도 존재했다. 그러나 이 자본주의에는 (…) 독특한 에토스가 결여되어 있었다. (21)

베버는 자본주의 발전에서 핵심을 차지하는 이윤 추구의 태도는 어느 시대, 어느 지역에나 있었다고 말한다. 그러나 중요한 것은 이윤 추구 현상 그 자체가 아니었다. 중요한 것은 이윤추구가 그 시대를 살아갔던 사람들의 가치나 생활 규범과 어떻게 내적으로 연계되어 있었는가 하는 점이다. 합리적 경영의 지표 가운데 하나로 인정되는 복식부기는 서구의 중세에도 있었고, 고려 시대 개성상인들 사이에서도 활용되었다. 그러나 그것이 어떤 시대에, 어떤 사회에서 자본주의 발전이 본격적으로 이루어졌는지 확인하거나 부인하는 절대적 증거로 활용될 수는 없다. 특정 시대에 특정 지역에서 자본주의 발전을 확증하기 위해 이보다 훨씬 더 중요한 것은 '합리적 경영방식에 맞는 자본 이용과 자본주의적 노동의 조직화가 경제적 거래의 지향점이 되었는가?' 여부이다.

이것은 곧 전(前) 자본주의적 생산양식에 대해 도전했던 사람들이 존재했는가 여부의 문제로 이어진다. 여기서 중요한 것이 새로운 가치체계를 지닌 시민계급의 등장이며, 그들의 내면과 행동을 지배했던 종교적, 세속적 삶의 태도이다. 베버에 따르면, 자본주의 이전에는 전통주의가 존재했다. 가톨릭의 세계관과 전통주의적 경제관의 지배에 시민계급이 맞서 투쟁하는 가운데 대안적 종교관과 경제관이 형성되었다. 가톨릭에 대항하는 프로테스탄트 교의가 전자라면, 후자는 세상과 제도와 삶의 합리화를 도모하는 근대적 생활영위양식이다. 그 기저에 있는 자본주의 정신은 무중력 상태에서 자라나거나 백지 위에서 그려진 것이 아니었다. 자본주의 정신은 전통주의와의 투쟁 속에서 성장했다. 전통주의의 요체는 '살아온 대로 살고, 그에 필요한 만큼만 벌려고 하는 것'이었다. 전통주의의 핵심이 욕구 충족에 있었다면, 자본주의 정신의 핵심은 영리 추구에 있었다. 자본

막스 베버(1917)

주의 정신은 체계적이고 합리적인 방식으로, 또 정당한 방식으로 영리를 추구한다. 이러한 태도는 근대 자본주의 기업과 기업가에게서 전형적으로 나타난다.

베버는 자본주의 정신이 치열한 투쟁 속에서 형성되어 왔다는 사실에 주목해야 한다고 강조한다. 자본주의 정신의 도래는 결코 평화롭게 이루어지지 않았다. 전통주의를 옹호하는 성직자들의 정신적 억압과 문벌귀족들의 물리적 탄압 속에서 성장했다. 자본주의 정신은 적대적인 힘들의 세계에 대항하는 어려운 투쟁 속에서만 관철될 수 있었다. 그러므로 자본주의 정신의 소유자는 수많은 공격과 음해에 단호하게 대처할 수 있는 윤리적 자질까지 갖추어야 했다. 그러므로 기업가가 대표하는 근대적 인간의 전형은 원칙에 따라 신중하고 과감하게, 또 공정하고 성실하게 자기 일에 몰두해 온 사람들에게서 찾을 수 있다.

자본주의 정신은 그 누구보다 근대적 기업가 속에서 체현된다. 물론 여기서 기업가가 현실 속에 존재하는 모든 기업가를 뜻하지는 않는다. 〈사회정책적 사회과학적 객관성에 관하여〉에서 베버는 영리 추구를 위해 매 순간 자기 삶의 모든 영역을 합리화하기 위해 매진하는 기업가는 현실 속에 존재하지 않는다고 밝혔다. 베버는 근대적 기업가가 하나의 이념형으로서만 존재할 수 있다고 강조했다. 이념형으로서 기업가는 부의 과시나 불필요한 낭비를 도모하지 않으며, 중세 특권 상인들과 달리 권력과 결탁하지 않는다. 기업가의 행위는 한편에서 프로테스탄트 윤리에 의해, 다른 한편에서 자본주의 정신에 의해 구속되어 있다. 그러나 이 둘은 별개의 것이 아니라, 현실을 살아가는 인간 삶 중에서 서로 연결된 양 측면일 뿐이다.

4 현재적 의미와 문제제기 —베버가 우리 시대에 던지는 물음

《프로테스탄트 윤리와 자본주의 정신》은 베버가 살았던 시대의 산물이며, 베버가 극복하고자 했던 문제들과 씨름한 결과다. 베버의 시대는 이미 지나갔지만, 그가 제기했던 문제 가운데 일부는 우리 사회 속에서 아직 해결되지 않은 채 남아있다. 그의 통찰 가운데 상당 부분이 현재 우리의 학문과 현실 속에서 유효성을 인정받고 있다. 우리 시대에 베버의 텍스트가 갖고 있는 의미는 무엇일까? 나는 두 가지에 주목하고 싶다.

첫째, 한 세기 이상의 시간이 흘러갔어도 시민계급이 본연의 역할을 수행해야 한다는 베버의 주장은 우리가 귀담아들을 가치가 있다. 고대 그리스 이후 공적 사안에 대한 적극적 참여는 민주주의의 유지와 발전에 필수불가결한 요건이 되어왔다. 아테네 시민들이 부끄러워하는 것은 가난이 아니라 공적인 일들에 대한 무관심이라는 페리클레스의 연설은 지금까지도 민주주의의 강령처럼 받아들여지고 있다. 이 전통 속에서 베버는 자기 시대를 매우 비판적으로 바라보았다. 문벌귀족과 투쟁하면서 자기 금욕과 절제 속에서 사회를 혁신하고자 애썼던 시민계급이 자기 시대에 와서 경제적 사익 추구에 매몰되어 가는 모습을 베버는 그 누구보다 통탄했다. 베버는 시민계급이 진취적 태도를 상실할 때 사회의 위기가 도래하고, 정치적 주체로서 제 역할을 하지 못할 때 민주주의의 위기가 초래된다는 사실을 강조했다. 이러한 문제의식에서 그는 근대 초기 서구 시민계급의 능동적 역할을 동시대인들에게 환기하고 싶었다. 베버의 사후 얼마 되지 않아 나치 독재체제가 등장한 것은 그런 점에서 매우 시사적이다.

베버의 텍스트가 갖는 두 번째 의미는 노동윤리의 회복을 강조한 데서 찾을 수 있다. 베버는 자기 시대에 와서 과거의 생산적 자본주의가 '금리자본주의(Rentenkapitalismus)'로 전락해 가는 추세를 우려했다. 이를 통해 시민계급이 땀 흘려 일하지 않는 유한계급으로 변질되면서 사회적 역동성이 상실되었다고 판단했기 때문이다. 근대 초기 시민계급이 보여주었던 금욕과 노동은 사회적 갈등이 심각한 시기일수록 더 필요하다고 베버는 믿었다. 노동소득이 아닌 자산소득 급증 때문에 빈부격차가 심화되는 곳에서 문제 해결의 열쇠는 시민계급에게 있다는 베버의 주장은 우리 시대에도 타당하게 들린다. 사회문제 해결은 경제적으로 여유로운 집단의 양보에서 시작될 수밖에 없다는 베버의 주장에 우리는 귀를 기울일 필요가 있다.

이 점에서 베버의 텍스트는 우리 시대의 문제를 진단하고 해결하는 데 필요한 참고자료로 활용될 수 있다. 이미 죽은 베버가 우리 시대에 던지고 싶은 물음이 있다면 무엇일까? 아마도 공동체 구성원으로 시민이 감당해야 할 역할에 대한 각성이 그 첫 번째가 되지 않을까? 근대 자본주의 발전에서 가장 중요한 것은 시민계급이었다. 그들의 역할은 단순히 경제 발전에 국한되지 않았다. 경제적 발전을 위해서는 과거의 관행을 타파하고, 인위적 규제를 철폐하며, 제도를 개혁함으로써 사회 구성원들의 평등과 해방을 추구해야 했다. 중세 말과 근대 초기의 시민계급은 형제애에 바탕을 둔 공동체를 추구했다. 이들은 세상을 바꾸어가는 데 헌신하겠다고 함께 맹세한 선서공동체(Eidgenossenschaft)의 일원이었고, 함께 빵을 나눌 줄 아는 밥상공동체를 지향했으며, 갈등이 격화될 때는 문벌귀족과도 일전을 불사할 줄 아는 전사공동체를 도모했다.

우리 시대의 문제점들 가운데 하나가 민주주의의 동요와 후퇴라면, 이러한 위기적 징후를 타파하기 위해 시민계급의 바람직한 역할을 역사 속에서 조명하는 작업이 필요할 것이다. '누가, 어떻게 민주주의를 지킬 것인가?'라는 물음에 대해 베버는 중세 말과 근대 초의 역사 속에서 찾은 시민계급의 자화상으로 응답했다. 척박한 환경 속에서 시민계급은 생산과 유통의 자유를 요구하며 문벌귀족과 투쟁하는 가운데 자유와 평등의 원리를 확산시켰다. 이 과거에 대한 재조명을 통해 베버는 자기 시대를 살아가는 사람들에게 말을 걸었다. 그것은 곧 시민계급이 배타적인 이익 추구에서 벗어나 사회적 약자들까지 동의할 수 있는 합리적 기준을 준수해야 함을 의미한다. 이러한 과거인식과 현재의식에서 미래 지향적인 의미가 도출된다. 그것은 곧 시민계급의 절제와 헌신 없이는 사회 전체가 순항할 수 없다는 메시지일 것이다.

더 읽어보기

베버를 이해하는 지름길은 그의 저작을 직접 읽는 것이다.

막스 베버. 《프로테스탄티즘의 윤리와 자본주의 정신》. 박성수 옮김. 문예출판사, 1994.

《막스 베버 사회과학방법론 선집》. 전성우 옮김. 나남, 2011.

《막스 베버의 고대 중세 연구》. 전성우 옮김. 나남, 2017.

《문화과학 및 사회과학의 논리와 방법론》. 김덕영 옮김. 길, 2021.

베버의 삶에 관해서는 평생의 동반자였던 마리안네의 글을 보라.

마리안네 베버. 《막스 베버—세기의 전환기를 이끈 위대한 사상가》. 조기준 옮김. 소이연, 2010.

국내 학자들이 쓴 세 권의 책이 '지금 여기'의 관점에서 베버를 이해하는 데 큰 도움이 될 것이다.

김덕영. 《막스 베버》. 길, 2012.

장하준. 《장하준의 경제학 강의》. 김희정 옮김. 부키, 2014.

전성우. 《막스 베버 역사사회학 연구》. 사회비평사, 1996.

시민의 선택과 책임에 관한 지침으로 좋을 고전은 아래 두 권이다.

막스 베버. 《소명으로서의 정치》. 박상훈 옮김. 후마니타스, 2013.

벤저민 프랭클린. 《프랭클린 자서전》. 이계영 옮김. 김영사, 2009.

필진

김철규 …… 고려대학교 사회학과 교수. 미국 코넬대 발전사회학과에서 한국의 자본주의 발전과 농업 문제에 관한 논문으로 박사학위를 받았다. 주로 사회변동론, 농식품 사회학, 환경사회학 분야에 관심을 가지고, 가르치고 연구하고 있다. 최근에는 먹거리와 지속가능성 문제에 대한 연구를 진행 중이다. 주요 저서로는《한국의 자본주의 발전과 사회변동》(2003), 《새로운 농촌사회학》(공저, 2012),《한국의 먹거리와 농업》(공저, 2015),《생태복원의 인문학적 상상력》(공저, 2017),《사회학의 눈으로 본 먹거리》(2018),《음식과 사회》(2020) 등이 있으며, 역서로는《석유식량의 종언》(공역, 2016),《먹거리, 지구화, 그리고 지속가능성》(2015, 공역),《먹거리와 농업의 사회학》(2013, 공역) 등이 있다.

엄인경 …… 고려대학교 글로벌일본연구원 교수. 고려대학교 일어일문학과와 같은 대학원에서 일본문학을 전공하였으며, 최근에는 20세기의 '외지' 일본어 문학과 시가, 한일비교문화론에 관심을 가지고 연구 중이다. 주요 저서로《문학잡지『國民詩歌』와 한반도의 일본어 시가문학》(2015),《재조일본인 일본어문학사 서설》(공저, 2017),《조선의 미를 찾다—아사카와 노리타카의 재조명》(공저, 2018),《한반도와 일본어 시가문학》(2018) 등이 있으며, 역서로는《단카로 보는 경성 풍경》(공편역, 2016),《시가로 읽는 간토關東대지진》(2017),《요시노 구즈》(2018), 《일본 근현대 여성문학 전집3—요사노 아키코 2》(공편역, 2019),《흙담에 그리다》(2019),《이시카와 다쿠보쿠 단카집—한 줌의 모래, 슬픈 장난감》(2021),《나카지마 아쓰시의 남양 소설집》(2021) 등이 있다.

장성현 …… 고려대 영어영문학과 교수. 연세대학교를 졸업하고 서울대학교 대학원 영어영문학과에서 석사학위, 미국 아이오와대학 대학원에서 박사학위를 받았다. 박사논문에선 워즈워스와 콜리지를 중심으로 하여 18세기 중반부터 19세기 초반 작가들의 언어 이론을 연구했다. 낭만주의시대(ca. 1780-1830)와 빅토리아시대(1830-1901) 영시를 주로 연구하고 가르친다. 그리스 로마의 고전 비극과 호메로스, 베르길리우스, 단테, 밀턴 등으로 대표되는 서사시문학, 그리고 셰익스피어에도 관심이 많다. 19세기 낭만주의를 전 유럽적인 현상으로 보고 유럽 각국의 낭만주의 태동과 전개 양상을 연구할 계획을 갖고 있다.

정우봉 …… 고려대학교 국어국문학과 교수. 한문학, 고전 산문, 비평사, 동아시아 문화 교류 등의 분야를 중심으로 연구하고 있으며, 옛사람의 글을 널리 알리는 일에도 관심을 갖고 있다. 주요 저서로《조선 후기의 일기문학》(2016),《조선후기 시론사의 구도와 전개》(2021),《조선 사람들, 자기 삶을 고백하다》(2021) 등이 있으며, 역서로는《아침은 언제 오는가》(2007),《후쿠나가 미츠지의 장자 내편》(공역, 2020) 등이 있다.

지영래 …… 고려대학교 불어불문학과 교수. 프랑스현대문학을 전공하였고, 장폴 사르트르(Jean-Paul Sartre)가 쓴 귀스타브 플로베르(Gustave Flaubert) 전기비평을 상상력 이론의 관점에서 분석한 연구로 박사학위를 받았다. 최근에는 누보로망 소설과 미셸 뷔토르(Michel Butor)에 관심을 갖고 연구를 진행 중이다. 주요 저서로《집안의 천치—사르트르의 플로베르론》(2009),《미술은 철학의 눈이다》(공저, 2014),《프랑스 철학의 위대한 시절》(공저, 2014),《사르트르의 미학》(공저, 2017) 등이 있으며, 역서로는《사르트르의 상상력》(2008),《닫힌 방, 악마와 선한 신》(2013) 등이 있다.

최호근 …… 고려대학교 사학과 교수. 독일 근현대사와 역사이론을 전공하였고, 독일 빌레펠트 대학교에서 막스 베버 연구로 박사학위를 받았다. 현재는 서구와 동아시아 사이의 문화적 영향관계를 해명하기 위해 트랜스내셔널 접근을 시도하고 있다. 주요 저서로《막스 베버와 역사주의》(독문, 2000),《제노사이드》(2005),《독일의 역사교육》(2009),《기념의 미래》(2019) 등이 있으며, 역서로는《독일 역사주의》(1992),《원치 않은 혁명 1848》(2006),《세계시민주의와 민족국가》(공역, 2007),《역사—코젤렉의 개념사 16》(2020) 등이 있다.

인문고전 세미나—1

재난과 위기의 시대

초판 발행 1쇄 2022년 4월 8일

지은이 김철규 · 엄인경 · 장성현
정우봉 · 지영래 · 최호근
펴낸곳 고려대학교출판문화원
www.kupress.com
kupress@korea.ac.kr
(02841) 서울특별시 성북구 안암로 145
Tel 02-3290-4230, 4232
Fax 02-923-6311
찍은곳 (주)동화인쇄

ISBN 979-11-91161-88-5 03800

값 15,000원
※ 잘못 만들어진 책은 바꿔드립니다.